GUIDE
AUX ÉTABLISSEMENTS THERMAUX

DES

HAUTES & BASSES-PYRÉNÉES
ET DE LA HAUTE-GARONNE

SUIVI

D'UN COUP D'ŒIL RAPIDE

SUR LES THERMES DE L'ARIÉGE ET DES PYRÉNÉES-ORIENTALES

PAR FRÉDÉRIC SOUTRAS.

Orné d'une carte des Établissements Thermaux des Pyrénées.

SE TROUVE

Bagnères-de-Bigorre	Tarbes
Chez DOSSUN, Libraire-Éditeur, Place Napoléon.	Chez DUFOUR, Libraire-Éditeur, Rue des Grands-Fossés.

1858

Les éditeurs se réservent le droit de traduction.

GUIDE

AUX ÉTABLISSEMENTS THERMAUX

DES

Hautes & Basses-Pyrénées & de la Haute-Garonne,

SUIVI

D'un coup d'œil rapide sur les Thermes de l'Ariège

et des Pyrénées-Orientales.

BAGNÈRES-DE-BIGORRE, IMPRIMERIE DOSSUN.

GUIDE
AUX ÉTABLISSEMENTS THERMAUX

DES

HAUTES & BASSES-PYRÉNÉES

ET DE LA HAUTE-GARONNE

SUIVI

D'UN COUP D'ŒIL RAPIDE

SUR LES THERMES DE L'ARIÉGE ET DES PYRÉNÉES-ORIENTALES

PAR FRÉDÉRIC SOUTRAS.

SE TROUVE :

Bagnères-de-Bigorre	Tarbes
Chez DOSSUN, Libraire-Éditeur, Place Napoléon.	Chez DUFOUR, Libraire-Éditeur, Rue des Grands-Fossés.

1858

AVERTISSEMENT.

—

Le nombre des étrangers qui visitent les Pyrénées s'accroît chaque année; mais parmi les visiteurs, ce n'est pas le plus grand nombre, tant s'en faut, qui vient demander aux sources de la montagne la guérison ou des soulagements. Les touristes et les curieux entrent pour plus de moitié dans cette émigration, pour ainsi dire européenne, qui pousse vers Barèges, vers Bonnes, vers Cauterets, vers les deux Bagnères, de véritables colonies, où toutes les nationalités ont leurs représentants, toutes les races leurs types, toutes les langues leurs interprètes naturels. C'est pour cette classe de voyageurs, surtout pour ceux qui veulent voir beaucoup et vite, que les livres-guides sont nécessaires, je pouvais dire, indispensables. Celui que nous offrons aujourd'hui au public s'attache avant tout à être exact et précis. La description y occupe peu de place, et les renseignements clairs et les indications positives s'y substituent, on pourra s'en convaincre, à l'admiration banale et à la phrase académique. Les promenades aux environs des localités thermales, les excursions dans les montagnes qui les avoisinent, les monuments de la nature et les monuments de l'art, les souvenirs récents et les souvenirs anciens, tout est noté rapidement, signalé d'un mot ou d'une phrase très courte dans ce livre, qui aurait pu être un gros volume, mais qui se contente d'être une brochure utile. Quoique plus spécialement consacré aux établissements de la partie centrale des Pyrénées, depuis le Gave d'Ossau jusqu'à la Garonne, il ne laisse pas néanmoins de côté les stations maritimes des Basses-Pyrénées et les Établissements Thermaux de l'Ariège et des Pyrénées-Orientales. Il fait une pointe rapide sur les deux extrémités de la chaîne, et sans entrer dans des détails circonstanciés, il donne sur Biarritz comme sur le Vernet, des notions et des renseignements profitables. On peut donc, guidé par ce livre, parcourir toute la ligne des Pyrénées, en s'arrêtant avec lui, de préférence, au pied de la Maladetta de Luchon, au pied du Pic du Midi de Bigorre, au pied de celui d'Ossau, dans ces vallées où le génie fantasque des montagnes semble avoir mis toutes ses horreurs à côté de toutes ses grâces.

GUIDE

AUX ÉTABLISSEMENTS THERMAUX

DES HAUTES & BASSES-PYRÉNÉES

ET DE LA HAUTE-GARONNE

SUIVI

D'un coup d'œil rapide sur les Thermes de l'Ariège et des Pyrénées-Orientales.

Le livre-guide est le contraire de l'homme-guide. Vous prenez celui-ci, c'est celui-là qui vous prend. Le mien, mon livre-guide, bien entendu, ne dérogera point à cette habitude; et comme un itinéraire, quoi qu'on fasse, doit toujours commencer quelque part, c'est à Tarbes que nous vous prendrons, à la descente de la diligence ou au débarcadère du chemin de fer. Le choix que nous faisons n'est point purement arbitraire : Tarbes est comme le carrefour où viennent aboutir une foule de routes; et il est appelé à devenir prochainement le point où se rencontreront, avec la grande ligne ferrée de Toulouse à Bayonne, les lignes secondaires de Mont-de-Marsan et d'Agen, qui le relieront, la première avec le chemin de fer de Bayonne à Paris, la seconde avec le Grand-Central. De plus, Tarbes touche, pour ainsi dire, aux Pyrénées, vers lesquelles cette ville déploie comme un éventail de routes, se dirigeant, celle-ci, droit devant vous, vers Bigorre; celle-là, tirant à gauche, vers Luchon ; cette autre, à droite de celle de Bagnères, montant vers Lourdes, et de Lourdes vers Cauterets, Saint-Sauveur et Barèges. Enfin, cette dernière, tout-à-fait à droite, se dirige vers Pau et les établissements thermaux des Basses-Pyrénées.

C'est la première de ces quatre voies que nous suivrons, c'est-à-dire celle de Bagnères. Mais les villes ont leurs susceptibilités comme les individus, et Tarbes, nous en sommes certain, ne nous pardonnerait pas de lui brûler la politesse, comme l'on dit. Donc, et quelque impatience que vous ayez d'arriver au pied des montagnes, nous vous retiendrons quelques instants dans le chef-lieu des Hautes-Pyrénées.

Tarbes, ancienne capitale du Bigorre, ville neuve bâtie sur une ville ancienne aujourd'hui entièrement effacée, est situé sur la rive gauche de l'Adour, dans une vaste plaine, au fond de laquelle se déploie, vers le midi, le magnifique amphithéâtre des Pyrénées, couronnées de leurs pics géants et de leurs neiges éternelles. La ville s'étend démesurément de l'ouest à l'est, et très peu du nord au midi, ce qui lui donne un air efflanqué qui frappe tout d'abord. Néanmoins, tout en faisant des vœux pour qu'elle prenne un peu plus d'ampleur et de rotondité, comme on en fait pour ces grandes filles qui poussent trop vite, on surmonte vite cette première impression un peu désagréable, et l'on admire sans restriction ces belles et larges rues traversées par de fraîches eaux, bordées de maisons élégantes, la Place du Maubourguet qui jette une large artère vers le midi, artère à laquelle viennent se relier une foule d'allées et de chemins ombragés fuyant vers la plaine. C'est par là, selon nous, que Tarbes est appelé à s'agrandir et à se développer. Une belle caserne de cavalerie termine, aussi monumentalement que peut le faire une caserne, cette belle Allée Napoléon, qui a le privilége, le dimanche surtout, d'attirer la foule élégante.

Tarbes a tous les édifices que comporte un chef-lieu de département : une préfecture, un palais de justice, un évêché. Aucune de ces constructions ne mérite d'arrêter un instant le voyageur ; le palais de justice a seul quelques prétentions architecturales : il est neuf, c'est ce qu'on en peut dire de plus favorable. Les églises, au nombre de trois, n'ont rien d'intéressant. Mais Tarbes possède deux établissements que l'on ne rencontre pas, tant s'en faut, dans tous les chefs-lieux de département, et qui, à eux seuls, motivent un séjour de quelques heures, et vous dédommagent amplement du retard apporté à votre voyage aux Pyrénées. Je veux parler du dépôt d'étalons situé sur la route de Bagnères, et du jardin public que la ville doit à la générosité d'un de ces hommes trop rares dont la vie est un acte perpétuel de modestie, d'un horticulteur éminent qui aurait pu être un savant illustre, et qui ne voulut être qu'un bienfaiteur utile; j'ai nommé M. Massey, ancien directeur du jardin potager de Versailles, qui, retiré sur ses vieux ans, dans sa ville natale, consacra toute sa fortune à la création de ce magnifique jardin, où l'on retrouve à côté des arbres indigènes des Pyrénées, ceux des climats les plus divers et des latitudes les plus opposées. Là, tout porte l'empreinte du goût le plus délicat ou de l'arrangement le mieux entendu; de vastes serres, en hiver, de larges plates-bandes, au printemps, étalent un véritable luxe de fleurs, où ne sont pas oubliées celles des hauts vallons et des neigeuses cimes. Des allées sinueuses égarent vos pas, convergeant presque toutes vers une imposante construction située à peu près au centre du jardin, et surmontée d'une haute tour, d'où le botaniste, épuisé de force, mais non d'amour et d'admiration pour ses belles montagnes, voulait contempler le Pic du Midi tant de fois gravi avec Ramond, le courageux explorateur et l'éloquent historien des Pyrénées. Par un acte de sa volonté dernière, M. Massey, mort il y a quelques années, a fait don à la ville de Tarbes de ce jardin, qui ferait envie à une cité de second ordre, à la charge par la municipalité de l'entretenir et de le développer. Ce legs fut accepté avec reconnaissance, et jusqu'à ce jour les intentions du donateur ont été religieusement suivies.

Le dépôt d'étalons, entouré de belles prairies qui en dépendent, se compose d'une suite de constructions neuves disposées avec une élégante symétrie. Sans être amateur forcené de l'art hippique, on visite avec un vif intérêt ces écuries si propres et si bien tenues, où l'on admire à côté des formes si larges et si amples de l'étalon anglais, la souplesse nerveuse du cheval arabe, qui s'allie si bien à la robuste race navarrine, fort connue autrefois et nullement dégénérée aujourd'hui, grâces à d'habiles croisements. Cependant, dois-je le dire? ce luxe prodigué à des animaux, quelque nobles qu'ils puissent être, attriste un peu le cœur, et l'on se demande si, avant de loger somptueusement des chevaux, il ne conviendrait pas de loger convenablement les hommes, et si, tout en améliorant, ce qui est fort bien, la race chevaline, on ne pourrait pas aussi améliorer la race humaine, ce qui serait un peu mieux, à notre avis.

Me voilà quitte à peu près avec Tarbes, si je ne me trompe, et je crois qu'après avoir dit que le chef-lieu des Hautes-Pyrénées possède à son extrémité orientale une grande place connue sous le nom de Marcadieu, et où se tient, toutes les quinzaines, le jeudi, un des marchés les plus importants du midi, je crois, dis-je, après cette dernière indication, que le plus ardent Tarbais ne pourrait, sans injustice, m'accuser d'avoir péché à l'endroit de sa ville, soit par omission, soit par oubli.

Maintenant que vous connaissez Tarbes, autant qu'il mérite de l'être, nous pouvons nous diriger vers Bagnères, dont nous sommes séparés par vingt kilomètres et par dix ou douze villages à peu près échelonnés sur la route. Le premier de ces villages est celui de Laloubère, illustré d'un beau château du siècle dernier, qui s'élève assez majestueusement au milieu des arbres d'un parc dessiné avec goût. Le domaine de Laloubère appartenait, il y a encore cent ans, à une ancienne famille du Bigorre, celle de Castelnau, qui s'était également signalée dans les armes et dans la diplomatie. Michel de Castelnau fut ambassadeur en Angleterre, sous le règne d'Elisabeth, et il a laissé d'intéressants mémoires ; le maréchal de Castelnau commandait, sous Turenne, à la bataille des Dunes, où il périt glorieusement. Non loin de Laloubère, au pied des coteaux qui bornent à l'ouest la plaine du Bigorre, on trouve le château d'Odos, où mourut, en 1547, cette charmante et spirituelle sœur de François Ier, Marguerite de Valois, devenue reine de Navarre par son mariage avec Henri d'Albret. Les villages qui suivent, Momères, Horgues, Arcizac, Hiis, ne sont remarquables que par les belles prairies et les riches cultures qui les entourent. Montgaillard, qui vient après, se distingue par son église neuve construite sur un mamelon élevé, d'où l'œil domine au loin la plaine et touche, pour ainsi dire, aux montagnes qui se dressent devant vous avec une singulière majesté. C'est un point de vue que nous recommandons à ceux qui aiment les fiers escarpements ou les longues perspectives. Dans les temps féodaux, un château-fort s'élevait sur l'emplacement de l'église actuelle. Froissard mentionne ce château dans le récit qu'il fait de son voyage dans

les provinces du midi : « Si montâmes à cheval et
» laissâmes le chemin de Banières et le chastel de
» Montgaillard à senestre, » dit l'ingénieux conteur
du XIV® siècle. La possession de ce château ne
manquait pas d'importance au moyen âge, puisqu'il était bâti juste à l'entrecroisement des chemins de Lourdes et de Tarbes.

Non loin de Montgaillard, de l'autre côté de
l'Adour, en face du village de Vielle, situé au bas
du coteau oriental, on remarque, à quelques pas
d'un chemin de grande communication allant de
Bagnères à Tarbes, un lourd débris de construction
romaine connu dans le pays sous le nom d'*Estélou
de Bielle*. On se perd en conjectures sur la destination de ce monument. Quelques-uns veulent y
voir une espèce de colonne milliaire destinée à
fournir des indications aux voyageurs. Cette opinion ne paraît pas tout-à-fait dénuée de fondement :
car, selon Strabon, une voie romaine reliait Lourdes
(Lapurdum) à Toulouse, et cette voie traversait cette
partie de la plaine de l'Adour. Le projet de tracé du
chemin de fer, entre Bagnères et Tarbes, passe précisément sur la construction romaine, qui semble ainsi
destinée à disparaître. Du pied de l'*Estélou*, on découvre, mieux que de nul autre point, un vaste dôme
posé en quelque sorte au-dessus du coteau d'en face.
C'est à n'en pas douter un énorme *tumulus,* qui s'élève
fièrement au-dessus de la plaine, et d'où la vue, bien
plus large que de l'église de Montgaillard, s'étend
sur un immense cercle de montagnes, depuis les
pics de l'Ariége jusqu'aux sommets de plus en plus

abaissés des Basses-Pyrénées. Ce *tumulus*, connu sous le nom de *tumulus de Bernac*, du nom d'un grand village bâti au bas du coteau, n'est pas le seul monument de ce genre qu'on puisse citer; on en rencontre un autre moins considérable, mais encore fort remarquable, au-dessus du village même de Montgaillard, non loin de la route de Bagnères à Lourdes.

Montgaillard n'est qu'à six kilomètres environ de Bagnères. Le trajet ne paraît pas long, car le paysage devient de plus en plus gracieux, surtout au village de Trébons, où la vallée du même nom vient déboucher dans la plaine avec sa belle rivière descendue des flancs du Mont-Aigu, dont la pointe se dresse au couchant, et semble crever le ciel. Après Trébons apparaît Pouzac, dominé à droite par une belle éminence boisée, qui s'intitule un peu témérairement *Camp de César*. Nul doute qu'il n'y ait eu là un camp romain; les traces en sont encore visibles sur le sol; mais ce qui n'est pas douteux non plus, c'est que César n'est jamais venu dans cette partie de la Gaule. Quoi qu'il en soit, le *Camp de César* mérite d'être visité, ne fût-ce que pour la belle vue dont on jouit sur le bassin de Bagnères et les montagnes voisines.

BAGNÈRES-DE-BIGORRE.

A la sortie de Pouzac, Bagnères se montre, gracieusement signalé à l'attention du voyageur par la belle tour des Jacobins, qui s'élance, svelte et légère comme une colonne. La plaine que l'on traverse est coupée d'une foule de canaux d'irrigation qui circulent à travers de luxuriantes prairies; de beaux champs de maïs ondulent au vent, et cette belle plante, qui, nulle part, ne se développe avec une pareille puissance de végétation, étale avec orgueil son aigrette dorée et ses longues feuilles enrubanées. La ville se montre bientôt tout entière avec sa verte ceinture d'arbres, adossée à une montagne verte, où courent de mystérieuses allées, et qui verse avec une si prodigue abondance ces eaux salutaires dont la réputation date des Romains. On entre dans la ville par une large rue, au bout de laquelle se trouve une vaste place qui se continue par la promenade intérieure des Coustous bordée de belles maisons neuves, et qui forme le quartier aristocratique de Bagnères.

En pénétrant dans cette charmante métropole des établissements thermaux des Pyrénées, on est frappé au premier abord de l'air de propreté qui respire partout. Les rues, sans être tirées au cordeau, sont assez bien alignées, et quand elles se permettent quelques déviations, ces déviations mêmes ne manquent pas de charme; la ligne droite fatigue l'œil et l'ennuie, la ligne courbe le repose et le réjouit. Les maisons, sans affecter des prétentions à l'architecture, sont élégantes et commodes ; les fioritures n'abondent pas au dehors, mais la distribution intérieure est bien entendue, et dans beaucoup d'appartements on rencontre un comfort solide, bien préférable à un luxe souvent indigent.

Bagnères, quoique remontant à une haute antiquité, puisqu'il est constant que ses sources furent exploitées par les Romains, n'a conservé que de faibles traces du passé; les vieux thermes du temps d'Auguste sont enfouis sous le sol, et le moyen âge n'a pour le représenter que deux tours, l'une sur le boulevard du Collége, l'autre sur la Place des Thermes, tristes monuments sans caractère architectural, et qui ne sont bons tout au plus qu'à servir de jalons à l'antiquaire, pour suivre par la pensée la ligne des vieux remparts de la ville. Bagnères, depuis longtemps, s'est débarrassé de la lourde enceinte de murs qui l'étreignait autrefois; il a, du mieux qu'il a pu, redressé ses rues étroites et tortueuses, et cherché à se donner le plus d'air et le plus de lumière possible. Il a parfaitement réussi, et, à l'heure qu'il est, peu de villes se trouvent placées dans de meilleures conditions de salubrité. Des ruisseaux d'une eau limpide courent le long des maisons et entretiennent, durant l'été, la fraîcheur et la propreté sur cet inappréciable macadam, qui a remplacé si heureusement ces gros pavés de pierres rondes, si raboteux et si rudes aux pieds délicats.

Bagnères, *Vicus Aquensis*, bourg thermal fort important du temps des Romains, dût posséder à cette époque, si l'on s'en rapporte aux piscines découvertes il y a quelques années, un de ces vastes établissements où le peuple-roi, peuple baigneur, s'il en fût, aimait à déployer de préférence le luxe élégant et solide tout ensemble de son architecture. Les Barbares renversèrent ces monuments; néanmoins la réputation de ces sources salutaires ne périt pas avec les thermes Romains : car nous les trouvons, au moyen âge, en grand renom, quoique disséminées dans une foule d'édifices particuliers. La noblesse de la Guienne et de la Navarre fréquentait assidûment les eaux de Bagnères, et venait s'y reposer des agitations et des luttes féodales. Au XVIe siècle, Bagnères compte d'illustres visiteurs, entr'autres le poète Dubartas, aussi célèbre alors qu'il est oublié aujourd'hui, et l'ingénieux auteur des *Essais,* qui célèbrent, chacun à sa façon, les mérites et les agréments de la cité thermale. Dans le XVIIe siècle, Mme de Maintenon, qui ne s'appelait encore que Françoise d'Aubigné, conduisit ici le duc du Maine, et elle a laissé son nom, son nom de cour bien entendu, à une des plus gracieuses promenades de la ville. La renommée des eaux de Bagnères ne fit que s'accroître sous la régence et sous le règne de Louis XV; c'est alors que les frais ombrages des vallées pyrénéennes virent passer, dans leur folle insouciance de l'avenir, ces marquis et ces duchesses qui effeuillaient des roses à chacun de leurs pas, et qui semblaient croire que les abîmes se comblent en y jetant des fleurs ! Beaucoup de ces étourdis de tout âge et de tout rang vinrent chercher un abri à Bagnères contre les coups de la plus furieuse tempête qui ait jamais battu le monde, et ils continuèrent quelque temps, au bruit d'un trône qui croulait, cette orgie insensée, qui a laissé au front de tout un siècle des taches de boue non effacées par des flots de sang. Le Directoire et l'Empire envoyèrent à Bagnères, l'un les parvenus de l'intrigue, l'autre les parvenus de la victoire; et la Restauration y fut représentée, durant ses quinze années, par ses hommes d'Etat dévots et par ses opposants voltairiens (*).

C'est vers le milieu de la Restauration que la ville conçut et exécuta le projet de réunir dans un établissement unique les sources les plus précieuses dont elle était propriétaire. Au bout de quelques années, un vaste édifice, à proportions élégantes, tout de marbre à l'extérieur comme à l'intérieur, s'élevait, adossé à la montagne même d'où jaillissent ces eaux de température et de propriétés si diverses. Les thermes de Bagnères furent longtemps les plus beaux et les mieux appropriés des Pyrénées; mais un nouveau système d'administration des eaux s'étant produit, et l'hydrothérapie étant devenue presqu'une science, la ville comprit que, sous peine de déchoir irrémédiablement, elle devait remanier ses thermes, et les approprier, non-seulement aux besoins nouveaux, mais encore aux caprices de la mode, plus exigeante que la science elle-même. C'est dans ce but que la restauration thermale fut

---

(*) Voir pour l'histoire thermale de Bagnères *Les Pyrénées Illustrées*, chez les mêmes éditeurs.

entreprise, il y a quelques années : les travaux de captage et d'emménagement, quoique poussés avec une lenteur regrettable, sont enfin terminés, et en ce moment l'établissement thermal de Bagnères, quoiqu'il y en ait de plus vastes et de plus monumentaux, est le plus complet et le mieux tenu, au dire des personnes impartiales, parmi tous ceux des Pyrénées.

Cet établissement, situé à l'extrémité sud-ouest de la ville, s'adosse à la colline même d'où jaillissent les sources principales. Il offre au regard une longue façade d'une architecture élégante, correcte, terminée par deux pavillons. On y monte par un perron de marbre qui forme pont sur une rivière courant le long des murs. En entrant, on rencontre un large vestibule, et l'on se trouve en face d'un bel escalier de pierre à deux branches, construit dans de superbes proportions, et conduisant à l'étage supérieur. Cet étage, ainsi que le rez-de-chaussée, est traversé par un couloir allant d'un bout à l'autre de l'édifice, et sur lequel s'ouvrent, d'un seul côté, les cabinets des bains, tous revêtus de marbre, et tous précédés d'un vestiaire aussi grand que le cabinet lui-même. Les deux pavillons, considérablement agrandis depuis quelques années, contiennent les douches de toute nature : celui de gauche est consacré aux douches froides écossaises, ascendantes, descendantes, à haute et moyenne pression ; celui de droite, complété depuis l'année dernière seulement, est affecté au vaporarium et aux bains russes. A peine ouvert, il a vu affluer dans son enceinte une foule de malades qui, tous, ont éprouvé de ce nouveau mode de thérapeutique thermale des soulagements immédiats, quelques-uns même ont senti s'opérer en eux de miraculeuses transformations. Un couple de masseurs, homme et femme, formés dans les meilleurs établissements hydrothérapiques de la capitale, desservent le vaporarium, et ceux qui ont reçu leurs soins ne tarissent pas sur leur compte. Aussi, la ville, comprenant tout l'intérêt qu'il y a pour elle à conserver ces utiles baigneurs, vient-elle de faire avec eux un traité qui les attache aux thermes pour une période de cinq ans.

Au-dessous de ce dernier pavillon, dans un soubassement, auquel on aboutit extérieurement par une porte ouvrant à l'ouest, et intérieurement par un escalier en colimaçon, se trouvent les sources les plus précieuses des Thermes de Bagnères; celle du Foulon, qui alimente quatre baignoires; celle des Yeux, et enfin celle du Platane, récemment découverte ou plutôt retrouvée, et qui jouit déjà d'une réputation justifiée par de nombreuses cures.

Tel est ce bel établissement, qui joint aux avantages que nous venons d'énumérer, une propreté, une régularité dans le service, un ordre enfin dus à une direction aussi soigneuse des détails que de l'ensemble. Peu de thermes sont mieux tenus, non-seulement dans les Pyrénées, mais encore en Suisse et en Allemagne.

Dans une vaste salle consacrée naguère au culte protestant, se trouve un musée de peinture qu'envieraient beaucoup de villes de troisième et même de second ordre. Cette collection, à peine commencée depuis cinq ans, compte déjà d'excellentes toiles. Tous ces tableaux sont dus à M. Achille Jubinal, député de l'arrondissement de Bagnères, qui les a obtenus ou de la direction des Beaux-Arts, ou des artistes eux-mêmes. Ce Musée, déjà si intéressant, reçoit, dans le cours de la saison, de nombreux visiteurs ; il est ouvert trois fois par semaine, de midi à quatre heures.

Bagnères doit encore à M. Jubinal une bibliothèque où l'on trouve plusieurs collections importantes. Celle des livres publiés sur les Pyrénées est loin d'être complète. Avis à qui de droit. La bibliothèque est aussi installée dans une belle salle au centre même de l'édifice ; elle est également ouverte au public, et, comme le Musée, placée sous la direction de M. Philippe, habile naturaliste, à qui la science devra bientôt une Flore complète des Pyrénées, et à qui Bagnères doit depuis longtemps un cabinet d'ornithologie, situé dans la rue de l'Horloge. On trouvera auprès de M. Philippe les renseignements les plus variés et les plus exacts sur les produits minéralogiques et botaniques des Pyrénées.

Outre les Thermes, qui sont la propriété de la ville, Bagnères possède un grand nombre d'établissements privés ; nous citerons en première ligne Salut, situé au bout de la délicieuse allée du même nom, à un kilomètre environ de la ville, avec laquelle il est relié par un omnibus qui toutes les heures, durant l'été, vient prendre les baigneurs à l'Allée des Platanes et les ramène au même point. Ces bains, célèbres depuis longtemps et dont les vertus calmantes sont si fort appréciées, ont été restaurés depuis peu d'années; les cabinets, au nombre de seize, et dont quelques uns sont pourvus de douches ascendantes, brillent, comme ceux des Thermes de la ville, par l'élégance et la propreté. L'ordre et la bonne direction ne s'y font pas moins remarquer.

Parmi les autres établissements appartenant à des particuliers, on distingue *La Guthière,* qui dépend de l'hôtel Frascati, et dont les eaux sont employées avec succès dans les maladies rhumatismales; *Théas,* gracieuse villa, à deux pas des Thermes, et dont le parc, aux sinueuses allées, étale comme un amphithéâtre de verdure, au bas duquel des sources d'une haute température et d'une puissante activité sont reçues dans des baignoires neuves et munies de douches ascendantes et descendantes. Théas se recommande encore par sa buvette, alimentée par l'eau sulfureuse de Labassère, dont la réputation grandit chaque jour, et qui s'exporte dans toutes les parties de la France. Chauffée à l'aide d'un appareil ingénieux et préservée du contact de l'air, elle est servie chaque matin à des centaines de buveurs empressés. A côté de Théas, se trouvent les *Bains de Cazaux* qui comptent aussi une nombreuse clientèle, surtout parmi les malades atteints de douleurs rhumatismales. A l'orient des Thermes, aux abords de l'avenue de Salut, on rencontre cinq établissements appartenant aussi à des particuliers, et dont les eaux ont des spécialités et des réputations depuis longtemps établies. Ce sont : *Carrère-Lannes*, le *Petit-Barèges*, *Santé*, *Versailles* et le *Grand-Pré*. Tous sont tenus avec beaucoup de soin et de propreté. Enfin, dans la Rue de l'Horloge, presqu'en face de l'hôtel Frascati, se trouve le *Petit-Bain*, récemment restauré, et dans celle de la Comédie, *Pinac*, dont l'eau d'une des baignoires est légèrement sulfureuse; *Lasserre*, renommé pour sa buvette souverainement laxative; et *Mora* où l'on exploite une buvette d'eau sulfureuse accidentelle.

Outre les buvettes que nous avons énumérées, Bagnères possède deux sources ferrugineuses, uniquement utilisées en boisson, et qui, nichées pour ainsi dire dans le feuillage, sur les flancs du *Mountaliouet*, sont fréquentées depuis le matin jusqu'au soir, non-seulement par les malades, mais encore par tous ceux qui recherchent l'ombre et la fraîcheur.

Cette énumération des richesses thermales de Bagnères est bien longue, et cependant elle serait incomplète, si je ne mentionnais pas la belle source de Salies qui jaillit sur la place même des Thermes, et qui pourrait, selon beaucoup d'hommes compétents, être efficacement employée en bains, ou réservée pour des piscines. Au-dessus de Salies, sur une plateforme où l'on aboutit par des rampes assez douces, s'élève un pavillon, où coule une source fort peu abondante, mais qui est fort renommée pour la guérison des plaies, c'est la Fontaine Nouvelle qui, toute faible qu'elle est, n'en accomplit pas moins, dit-on, des merveilles.

TARIF POUR LES THERMES DE LA VILLE DE BAGNÈRES-DE-BIGORRE.

1re CATÉGORIE.

Bains à heure fixe et bains de passage, linge compris.

Foulon..	
Platane...	
Yeux...	
La Rampe * à l'étage du Foulon...................	1f 25c
St-Roch..	
La Reine...	
Le Dauphin...	
Roc-de-Lannes..	

Bains à heure non fixe, sans linge.

1 fr. — 80 c. — 60 c. — 50 c. — 40 c. — 30 c. — 25 c. — 20 c., selon les heures où les bains sont pris.

Buvette.

Boisson à la buvette................................... » 05

2e CATÉGORIE.

Bains chauds avec douches, linge compris........	1f 60c
Douches jumelles, forte pression................	
Douches ordinaires.................................	1 10
Douches ascendantes et descendantes portatives....	» 60
Douches locales fixes...............................	» 50
id. de pluie......................................	
Douches mobiles...................................	» 25
id. d'injection...................................	
Bains de pieds.....................................	

Vaporarium.

Bain russe complet avec linge....................	2 50
Massage complet..................................	3 »
Massage partiel....................................	1 50
Bain de vapeur (gradins)........................	1 25
Douche de vapeur................................	1 50
Friction...	1 50

Tarif des porteurs.

Prix d'une portée.......... 0 40

---

* L'eau de la source de ce nom n'est plus employée en bains. Elle est utilisée seulement en douches locales. Les deux baignoires qu'elle alimentait sont aujourd'hui consacrées à la source du *Platane*.

Bagnères, comme on le voit, est riche en établissements thermaux. Mais son luxe d'architecture se borne là, et, à vrai dire, nous ne l'en plaignons pas trop. Ce n'est pas pour admirer des frontons et des péristyles que l'on vient aux Pyrénées. Cependant, pour l'acquit de notre conscience et pour la satisfaction des voyageurs *inquisitifs*, nous citerons, parmi les édifices publics, la tour des Jacobins, gracieux monument de la renaissance, restauré naguère avec beaucoup de goût; l'hospice civil, à côté des Thermes, bâti sur la roche, et remarquable par l'ampleur de ses proportions; l'église de Saint-Vincent, lourd vaisseau, dont la voûte néanmoins ne manque pas de hardiesse; et enfin, l'église des Carmes, récemment construite à l'extrémité nord de la ville, et où le roman et le gothique se marient harmonieusement, et dont le portail est surmonté d'une magnifique pierre sculptée, représentant la multiplication des pains, et admirablement fouillée par le ciseau de Bonnassieux. La ville est aussi propriétaire d'un théâtre, qui n'a de monumental que la porte d'entrée des acteurs, qui remonte à la fin de l'époque gothique, et qui date probablement du quinzième siècle. Le théâtre était autrefois une église appartenant à l'ordre de Saint Jean de Jérusalem. La salle, assez élégamment coupée, se compose de trois étages de galeries. Chaque année, pendant deux mois, elle retentit des joyeux refrains du vaudeville, qui, de temps à autre, cède le pas à la comédie. Cette scène, tout étroite qu'elle est, a vu néanmoins passer presque toutes les célébrités dramatiques : Mlle Mars, Mlle Georges, Mlle Rachel, Lafond, Levassor, Arnal, Ligier enfin, le dernier interprète des chefs-d'œuvre tragiques, qui la remplissait encore, il y a deux ans à peine, d'émotion profonde et de passion débordante. Le théâtre de Bagnères est desservi par la troupe du seizième arrondissement, dont l'habile directeur ne manque presque jamais de saisir au passage quelques-unes des notabilités parisiennes. Pendant tout le cours de la saison thermale, le théâtre s'ouvre quatre fois par semaine.

Non loin du théâtre, s'élève l'hôtel Frascati dont les salons, durant l'empire et la restauration, on vu passer toutes les illustrations de la politique, des lettres et des arts. La vogue de Frascati se continua, non sans éclat, après la révolution de juillet, et l'on se souvient encore à Bagnères des belles réunions qui eurent lieu, de 1830 à 1840, dans ces vastes salles où les notabilités de l'Europe semblaient se donner rendez-vous toutes les années. En 1848, la Ville, d'accord avec un homme d'initiative et de goût, fonda un casino dans ce même local, et la foule revint, plus empressée et plus nombreuse, attirée qu'elle était par un excellent orchestre et des réunions pleines de charme, parce qu'elles étaient pleines d'abandon. Mais si l'existence du casino fut brillante, elle fut de courte durée. L'entrepreneur parisien recula devant des obstacles qui auraient pu être vaincus sans peine. Une façon de casino se continua encore une ou deux années de suite, et peu à peu, le monde élégant se déshabitua de venir, et les salons de Frascati se fermèrent pour ne se rouvrir qu'une ou deux fois par saison, solennellement, c'est-à-dire ennuyeusement, pour quelque grand bal offert par la Ville aux étrangers. Mais l'année dernière, grâces à l'iniative prise par une société musicale indigène, les beaux jours de Frascati semblèrent renaître, et la saison de 1857, marquée par une série de fêtes charmantes, a dû laisser, nous en sommes certain, d'aimables souvenirs parmi les hôtes si nombreux que Bagnères avait accueillis dans son sein. Nous avons tout lieu d'espérer que la Ville, se préoccupant sérieusement de l'agrément et du bien-être des étrangers, rétablira ce casino si nécessaire comme point de contact entre les éléments trop isolés qui composent ici la société thermale.

Le casino une fois établi, Bagnères n'aura rien à envier aux stations de bains les plus privilégiées. Dans aucune autre localité les logements ne sont plus nombreux, plus commodes et plus confortables. Il y en a ici pour tous les goûts et pour toutes les fortunes. Les prix des appartements varient selon les quartiers et les époques de la saison. Mais les prix sont toujours modérés, surtout si on les compare aux prix des autres localités thermales. La nourriture est aussi à fort bon marché à Bagnères, et les objets qui forment l'alimentation ordinaire ne haussent pas d'une manière fort sensible, même au fort de la saison. On peut donc vivre à Bigorre, surtout lorsqu'on est en famille et qu'on pourvoit soi-même à sa nourriture, d'une manière fort économique. Les personnes qui préfèrent le régime des hôtels peuvent s'adresser en toute confiance à ceux de Bagnères ; tous sont tenus avec beaucoup de soin et de propreté, et il en est qui, pour le confort des appartements et la délicatesse des mets, peuvent rivaliser avec les hôtels les plus célèbres du midi de la France. Dans tous on trouve une table d'hôte somptueusement servie. Ces hôtels apportent aussi des déjeûners et des dîners à domicile.

Principaux hôtels de Bagnères-de-Bigorre.

Hôtel de France,
Hôtel de Paris,
Hôtel Frascati,
Hôtel du Bon Pasteur,
Hôtel du Grand Soleil,
Hôtel de la Providence,
Hôtel de Londres.

Indépendamment de ses sources thermales, Bagnères exploite aussi les plus beaux marbres des Pyrénées. Cette industrie, qui s'est prodigieusement développée depuis quelques années, occupe plusieurs centaines d'ouvriers, et les produits qui sortent des ateliers de Bagnères peuvent, autant pour le fini et la délicatesse du travail que pour la beauté de la matière, soutenir la comparaison avec les produits similaires des autres parties de la France et même de l'Italie. Nous engageons vivement les étrangers à visiter la belle marbrerie de M. Géruzet fils, et les établissements non moins recommandables de MM. Cantet frères et de M. Gandy.

L'industrie des tissus tricotés est aussi fort développée à Bagnères, et dans les nombreux magasins affectés à ce genre de commerce, on rencontrera, sous toutes les formes, de véritables chefs-d'œuvre de patience et de goût.

PROMENADES DE BAGNÈRES-DE-BIGORRE.

MOUNTALIOUET.

Ce qui met, selon nous, Bagnères bien au-dessus des autres localités thermales, c'est le nombre et la variété des promenades. Quelle que soit la direction que vous preniez, vous êtes presque sûr de rencontrer quelque allée sinueuse ou quelque sentier perdu sous les feuillages qui vous conduisent à quelque mystérieuse retraite ou à quelque ravissant point de vue. C'est surtout sur les flancs de la montagne à laquelle s'adosse la ville, qu'on fait de pareilles découvertes. De nombreuses rampes partant de la place des Thermes et formant un véritable écheveau d'allées, vous conduisent à une première plate-forme, bordée d'un côté d'ormeaux séculaires, de l'autre par un grand et lourd bâtiment appelé l'*Hospice*. Ce bâtiment appartenait autrefois aux Capucins de Médoux, monastère voisin de la ville, dont nous parlerons plus bas. Il fut vendu, à la Révolution, comme propriété nationale; il est aujourd'hui affecté à une classe de baigneurs appelés *Couyés;* on donne ce nom, à Bagnères, aux paysans des environs qui viennent faire usage des eaux. *Couyé,* en patois, signifie tondu, pelé. L'*Hospice,* qui est aussi un établissement thermal, renferme huit ou dix baignoires, alimentées par une partie des eaux de la source de la *Reine,* avec des douches d'une construction tout-à-fait primitive. Les *Couyés* seuls se baignent là-dedans.

De ce point, on commence à dominer la ville, dont on n'aperçoit guère encore que les toits ardoisés. Mais on a, vers le nord, une charmante échappée sur la plaine. Deux rampes, l'une, la principale, contournant par le midi l'édifice en question, l'autre, vers le nord, longeant la Villa Théas, se rencontrent à une seconde plate-forme, où surgit la belle source de la *Reine,* et où se présentent devant vous trois majestueuses allées toutes noires d'ombre. Elles sont plantées de magnifiques arbres de la plus belle venue. On y remarque surtout un hêtre de plusieurs pieds de circonférence, et couronné d'un véritable dôme de verdure. Ces trois chemins aboutissent à une troisième plate-forme où trois autres allées s'offrent à vos pas. Celle de gauche conduit à une fontaine ferrugineuse, qui est une propriété particulière, et après avoir atteint non loin de là un plateau d'où l'on jouit d'une charmante vue sur le côté méridonal de Bagnères, s'élève, par des pentes assez douces, jusqu'au sommet même du *Mountaliouet*. L'allée du centre serpente à mi-côte à travers d'épaisses masses de verdure, et ne tarde pas à déboucher en face de la plaine, dans un endroit découvert, d'où l'on aperçoit, fuyant à perte de vue, la longue plaine du Bigorre, bordée de riches coteaux semés de fermes ou de maisons de plaisance. De ce point, on touche, pour ainsi dire, Tarbes du regard. Au bout de quelques minutes de marche, on arrive, en rencontrant à chaque pas de nouveaux aspects, à la Fontaine Ferrugineuse de la Ville. Une rampe assez raide vous reconduit au nord de Bagnères, à moins que vous ne préfériez prolonger votre promenade. Dans ce dernier cas, vous continuez à suivre l'allée qui vous a conduit, et d'où vous apercevez un chàlet de construction récente, non loin duquel s'élève une magnifique plantation de hêtres, qui en est sans contredit le plus bel ornement. Après avoir dépassé ces ombrages, la route descend brusquement et vous fait aboutir, dans moins d'un quart d'heure, sur la route de Labassère, d'où, en aussi peu de temps, vous atteignez les premières maisons de la ville.

Du sommet du *Mountaliouet*, où nous nous sommes arrêté tout-à-l'heure, la vue est plus étendue encore vers la plaine, qu'elle ne l'est de la Fontaine Ferrugineuse; mais la montagne est surtout plus imposante. De ces hauteurs, l'œil plonge dans tous les replis de la vallée de Campan, et se heurte à de prodigieux escarpements. A votre gauche, cette brèche qui échancre le ciel, c'est Lhériz, dont les pentes herbeuses se parent au printemps des fleurs les plus variées; en face de vous, c'est l'Arbizon, entre les vallées de Campan et d'Aure; un peu sur la droite, cette pointe qui perce à peine au-dessus de montagnes plus rapprochées qui le dérobent, c'est le Pic du Midi, enfin, à votre gauche, cette longue flèche qui semble crever les nuages, c'est le Mont-Aigu, bien digne de son nom.

LE BÉDAT. — L'ÉLYSÉE-COTIN. L'ALLÉE DRAMATIQUE.

Le *Bédat,* qui se relie au *Mountaliouet,* et dont le nom, suivant les étymologistes, vient du latin *vetare,* à cause sans doute d'une forêt vétée, le Bédat est traversé, à mi-côte, dans toute son étendue, par une allée, prolongement de celle du *Mountaliouet.* On trouve, à droite et à gauche du chemin, des excavations assez profondes qu'on peut parcourir sans danger en se munissant de flambeaux. Deux de ces grottes communiquent entr'elles ; mais elles n'offrent que peu d'intérêt, et l'on n'y remarque point de cristallisations. Le point de vue qu'on a du Bédat est beaucoup moins large que celui qu'on a du *Mountaliouet.* L'allée qu'on suit vient aboutir sur le versant méridional de la montagne, où elle rencontre un chemin abrupte qui, partant de la base même du Bédat, non loin de l'avenue de Salut, conduit au hameau de *Cot-de-Ger,* oasis de verdure nichée entre des monts abruptes, et qu'au temps de la fade poésie du Directoire on baptisa du nom d'*Elysée-Cottin.* C'est là que l'auteur de *Mathilde* aimait à passer les heures brûlantes de l'été, et qu'elle composa, dit-on, quelqu'un de ces romans quintessenciés qui ont fait couler tant de larmes de jeunes filles. Cette retraite est charmante, surtout vue d'en-haut. Dans le fond du vallon, une magnifique source naît sans bruit entre les arbres, et ne tarde pas à former un ruisseau qui, à quelques pas plus loin, met en mouvement de rustiques moulins. Cette fontaine était ombragée, du temps de Mme Cottin, de grands hêtres et de superbes frênes qui ont disparu sous la cognée.

Au sommet du col d'où le regard plonge sur les prairies de *Cot-de-Ger*, se dessine à gauche un chemin qui monte par de larges lacets sur une molle pelouse. C'est le commencement de l'*Allée Dramatique*, qui fut pratiquée, il y a quelques années, avec le produit d'une comédie bourgeoise. De là son nom. Cette allée court sur le versant oriental des montagnes qui s'élèvent au-dessus de l'établissement de Salut. Les aspects varient à chaque instant, et la ville se montre et se dérobe tour-à-tour. C'est là une charmante promenade, d'où le bassin de Bagnères se déploie avec toutes ses grâces et toute sa magnificence. Après avoir longtemps serpenté sur les flancs de la montagne, l'Allée Dramatique vient se terminer sur le plateau du Pouey, où elle se réunit à l'Allée Maintenon.

SALUT. — L'ALLÉE MAINTENON.

Au pied du Bédat s'ouvre un vallon étroit qui vient déboucher à l'orient de la place des Thermes. C'est le vallon de Salut, au bout duquel est bâti l'établissement du même nom. Une rangée de peupliers se déploie devant vous. Cette belle allée, large et bien entretenue, forme d'abord une ligne droite, et court sur un terrain uni ; mais tout-à-coup, après avoir franchi pour la seconde fois un petit ruisseau, elle s'élève sur le flanc gauche du vallon, et à partir de ce moment, sans cesse repliée sur elle-même, elle semble se jouer dans de capricieux méandres. Bordée à droite et à gauche de hêtres, d'ormeaux, de platanes, elle a je ne sais quoi de calme et de reposé ; elle est fréquentée durant tout le jour par les baigneurs, et le soir elle devient le rendez-vous du monde élégant, le dimanche surtout, où la file des promeneurs, aperçue des hauteurs voisines, produit l'effet le plus brillant et le plus pittoresque. Ce n'est qu'au dernier repli de chemin qu'on aperçoit l'établissement, devant lequel s'étend une promenade ombragée, où l'on fait une courte halte, quand on est assez heureux pour s'emparer d'un des rares bancs de bois qu'on y rencontre. Les personnes qui aiment à varier leurs plaisirs, ou qui redoutent le tumulte des foules, effectuent leur retour par une allée plus étroite et plus mystérieuse, jetée sur l'autre flanc du vallon, et qui court à travers de superbes plantations de hêtres. On rejoint l'allée principale au pont dont nous avons parlé plus haut, après avoir admiré, sous sa voûte de verdure, la belle fontaine de Rieunel, dont l'eau est une des plus fraîches et des plus saines de Bagnères.

L'*Allée Maintenon* commence à l'extrémité de la ville, à l'entrée de la route de Campan, et gravit en s'infléchissant un rocher assez abrupte, après quoi, se redressant tout-à-coup, elle s'élève en droite ligne sur le plateau du Pouey, qui s'étend entre la route de Campan et le vallon de Salut. Le chemin est fort large, ce qui ne l'empêche pas d'être fort raide. Mais on est amplement dédommagé d'un peu de fatigue, quand, arrivé au point culminant, on découvre, juste en face de soi, toute la plaine du Bigorre. A partir de cet endroit, l'allée se déploie sur un terrain peu accidenté, d'où l'on découvre les montagnes de Campan, jusqu'à un endroit où elle forme terrasse sur la vallée, en face du village d'Asté. C'est un tableau ravissant; l'œil suit les caprices bondissants de l'Adour qui blanchit sur les roches, et dont on entend le profond murmure. De ce point, l'on peut descendre, en tournant à droite, au vallon de Salut; mais le chemin est assez difficile et n'offre pas d'ailleurs un grand attrait; il vaut mieux aller rejoindre, en passant derrière l'ancien couvent de Médoux, la route de Bagnères à Campan. Cette promenade peut être facilement faite dans moins de deux heures.

Bagnères possède dans son voisinage immédiat une foule d'autres promenades, que nous nous bornerons à indiquer. Nous citerons en première ligne celle du Camp de César, au-dessus du village de Pouzac; elle n'exige guère plus de deux heures, aller et retour compris. En face du Camp de César, sur le coteau opposé, s'élève une villa de construction moderne, appartenant à M. le comte de Langle. C'est là un superbe but de promenade qu'on atteint, à pied, au bout d'une heure environ de marche. Il en faut à peu près autant pour revenir à Bagnères par la route de Toulouse. Le point où cette route couronne la cime du coteau, offre une magnifique perspective sur les montagnes et sur la plaine; c'est l'endroit sans contredit d'où Bagnères se montre le mieux. Il suffit de quarante-cinq minutes pour y arriver.

A droite de la route de Toulouse, immédiatement après avoir traversé un pont jeté sur un des bras de l'Adour, débouche à droite un chemin qui mène aussi au sommet du coteau, sur lequel se déploie une longue file de hêtres. Vers la fin de septembre et durant tout le mois d'octobre, étrangers et habitants de la ville s'acheminent de ce côté, pour assister à la chasse des ramiers et des palombes, qui s'y fait au moyen de filets suspendus entre les arbres. Des hommes, placés au haut de trépieds élevés de plus de vingt mètres, aperçoivent de loin les oiseaux voyageurs, et les signalent par un cri bien connu aux chasseurs blottis dans des cabanes au pied des arbres. Puis, quand les ramiers sont à portée, les hommes des trépieds lancent une façon d'épervier en bois, et les ramiers effrayés s'abattent tout-à-coup, et vont donner contre les filets, qui, lâchés à propos, retombent sur eux et les retiennent captifs sous leurs mailles. Il arrive parfois qu'on prend jusqu'à cinquante paires de ramiers d'un seul coup. Des Palommières on découvre à l'orient une région fort accidentée, coupée d'une foule de petits vallons et parsemée de nombreux villages, et qui est connue sous le nom de *Baronnies*; la vue s'étend jusqu'à la plaine de la Garonne.

Toutes les promenades que nous venons d'énumérer peuvent être exécutées à pied, sans la moindre fatigue, puisque cette dernière, qui est la plus longue avec celle du Mountaliouet, du Bédat et de l'Allée Dramatique, ne demande pas plus de trois heures pour l'aller et le retour.

EXCURSIONS.

Les buts d'excursion sont aussi multipliés ici que ceux de promenade. La course que nous recommanderons avant toutes les autres est celle du *Mounné*, et nous la recommanderons pour deux motifs : d'abord, parce qu'elle est peu fatigante, ensuite, parce qu'elle est comme une espèce d'initiation à la haute montagne. Le *Mounné*, qu'on aperçoit de Bagnères, ressemble à un ballon, et il est le sommet le plus élevé de la petite chaîne que l'on rencontre à l'extrémité du vallon de Salut. On peut l'aborder de ce côté-là, mais à pied seulement, et à travers des pentes fort raides. Il est bien préférable de le tourner, en suivant les flancs du Bédat, par le chemin qui, de la poudrière, monte vers Cot-de-Ger. Une fois arrivé au sommet du col, on suit les premières rampes de l'Allée Dramatique, que l'on abandonne bientôt pour prendre un sentier moins large dirigé vers un piton calcaire. Le piton dépassé, on chemine assez longtemps sur les crêtes, et quand on a contourné une foule d'autres roches plus ou moins élevées, on passe sur le revers oriental de la montagne. Après quoi, se rejetant sur la face occidentale, on rencontre un col gazonné, au-dessus duquel, à droite, s'élève le Mounné lui-même. Un sentier en écharpe conduit, au bout de vingt-cinq minutes, sur une arête allongée et fort étroite, dont l'extrémité orientale forme le point culminant de la montagne. Deux heures, deux heures et demie au plus, suffisent à de médiocres piétons pour arriver de Bagnères au Mounné. A cheval, le trajet peut être fait dans une heure et demie.

Le Mounné est un magnifique observatoire d'où la vue s'étend au loin vers la plaine. De ce côté, on distingue aisément Pau, et l'on voit miroiter à l'ouest le lac de Lourdes. Du côté des montagnes, la perspective est plus admirable encore. On suit, pour ainsi dire, tout le mouvement de la seconde chaîne, depuis le pic d'Arbizon jusqu'au Mont-Aigu. En face se dresse le Pic du Midi, et se hérissent les magnifiques crêtes qui couronnent les lacs de Peyralade et du Lheou (Lac Bleu). A l'orient, par dessus le col d'Aspin, dont les sapins font l'effet d'une tenture de velours jetée sur la montagne, on voit à la gauche des affreux sommets de la Pez et de Clarabide, dans la vallée de Louron, la Maladetta, qui fait reluire au soleil ce glacier long de six kilomètres qu'on appelle la Mer de Glace. (*)

Le retour peut s'effectuer par le gracieux vallon de Serris, qui se déroule à vos pieds et qui débouche sur la grande route, au village même de Baudéan. Il faut un peu plus de deux heures et demie pour regagner Bagnères, en suivant cette direction. On peut encore revenir par le vallon de Soulagnets, en traversant le beau pâturage d'Esquiou, qui s'étend à l'ouest du Mounné. Dans ce dernier cas, le retour prendra trois heures et demie, si l'on est à pied, deux heures et demie seulement, si l'on est à cheval.

FONTAINE DE LABASSÈRE.

Cette source d'eau sulfureuse, dont la réputation a si prodigieusement grandi depuis quelques années, sourd au fond de la vallée de Trébons, à la base même du Mont-Aigu. C'est une délicieuse course qui s'accomplit sans fatigue par des chemins larges et faciles. Nous la recommandons à ceux qui aiment les paysages tranquilles et reposés. Deux routes conduisent

---

(*) Voir pour la description du Mounné *Les Pyrénées Illustrées*, chez les mêmes éditeurs.

à cette charmante retraite, l'une qui suit les hauteurs, en passant par le village de Labassère et à côté des riches ardoisières du même nom; l'autre qui, commençant au village de Pouzac, s'élève en terrasse au-dessus de la plaine, et, laissant à droite le village de Trébons, descend dans la vallée dont elle suit tous les contours. Cette dernière est praticable aux voitures presque jusqu'à la source sulfureuse. Pour que la course soit complète et plus variée, il convient de prendre pour l'aller la première des deux voies, et la seconde pour le retour. La course entière peut être faite à pied dans six heures, à cheval dans moins de cinq.

LA CROIX BLANCHE. — LA CLIQUE DE GERMS.

Sur le versant de la vallée de Trébons, tourné vers le midi, se montre, entre des frênes et des noyers, le joli village de Neuilh. Pour y parvenir, on quitte le chemin qui conduit à la fontaine de Labassère, à l'endroit où il traverse le torrent sur un pont de pierre. On gravit les hauteurs par de larges rampes, et au bout d'une demi-heure on atteint le village, d'où l'on gagne un immense plateau couvert de bruyères, dans la direction de l'ouest. C'est le plateau de la Croix Blanche, ainsi nommé à cause d'une croix de marbre qui apparaît sur le point culminant. De cette hauteur, où rien ne borne le regard, on voit se dérouler une grande partie de la chaîne, depuis l'Ariège jusqu'au pays basque. Des yeux exercés peuvent même distinguer la *Rhune*, sommet qui domine la vallée de la Nivelle, à une petite distance de Saint-Jean-de-Luz, à l'extrémité des Basses-Pyrénées. Après avoir traversé le plateau, on aboutit au village de Germs, au-dessus duquel se dresse le double sommet de la Clique. L'ascension n'a rien de périlleux ni de fatigant, et il ne faut pas plus de vingt-cinq minutes pour atteindre cette superbe crête. La *Clique* est encore plus favorablement située que le Mounné comme observatoire sur la plaine. Le regard se perd dans un horizon sans limites, et distingue une foule de villes des Basses-Pyrénées, du Gers et des Landes. Cette course, qui est fort intéressante, et pour ainsi dire inédite, peut s'exécuter, aller et retour, en sept ou huit heures.

COTEAUX
DE POUZAC ET DE LABASSÈRE.

Nous signalerons, comme ayant de grands rapports avec la course précédente, celle des coteaux élevés qui s'étendent entre les villages de Labassère et de Pouzac, et qui se terminent au-dessus de ce dernier village. La perspective sur la plaine est presque aussi étendue que du sommet de la Clique, et l'aspect des montagnes est aussi fort beau. La course entière n'exige pas plus de quatre heures.

VALLÉE DE L'ARROS.

Cette vallée, une des plus profondes des Pyrénées, est séparée de celle de l'Adour par une série de plateaux. On y aboutit par la route départementale de Bagnères à Toulouse, après avoir traversé la forêt de l'Escale-Dieu. Arrivé au bas de la longue côte qui descend au bas de la forêt et vient mourir dans de riches prairies, on aperçoit, au bout d'une avenue de peupliers qui bordent la route, une longue file de bâtiments blanchis, au centre desquels s'élève un dôme. Ce dôme, surmontait l'église, aujourd'hui transformée en grange à fourrages, de l'ancien monastère de l'Escale-Dieu. Cette abbaye, célèbre dans le pays, d'abord par la réputation de sainteté de ses premiers moines, puis par les richesses et les mœurs dissolues de leurs successeurs, dépendait de l'ordre de Cîteaux, et fut longtemps le Saint-Denis de nos vieux comtes. La célèbre comtesse Pétronille, la femme aux cinq maris, y fut ensevelie; mais son tombeau a disparu, comme ceux des autres souverains du Bigorre, probablement à l'époque des guerres de religion; car l'abbaye de l'Escale-Dieu fut plusieurs fois saccagée par les Huguenots, notamment par les troupes du comte de Montgomery. Aussi l'édifice, reconstruit probablement dans le XVIIe siècle, ne présente-t-il aucune trace d'antiquité. L'Escale-Dieu est aujourd'hui un relai de poste, et n'a de remarquable qu'une terrasse qui s'élève sur une des rives de l'Arros.

La vallée, qui court dans la direction du midi au nord, sans avoir des paysages bien accentués, mérite cependant d'être parcourue, surtout dans sa partie supérieure. On la remonte par la rive droite de l'Arros qui n'a rien d'impétueux, et qui coule, paisible ou à peine murmurant, sous d'épais ombrages. On suit un chemin facile et bien entretenu, qui, laissant à droite le fertile bassin de Bourg, traverse quelques villages sans intérêt, et vous conduit, au bout de deux heures de marche, au village de Lomné, remarquable par un beau château du dix-septième siècle, bâti sur une éminence, d'où l'on domine le cours inférieur de l'Arros et d'où l'on jouit d'une fort belle vue sur les montagnes qui dominent la vallée. Ce château appartenait à l'ancienne maison de Cardeilhac, qui a donné des archevêques à Toulouse et un terrible persécuteur aux protestants du Bigorre. En quittant Lomné, on entre dans un bassin plus spacieux, où apparaissent plusieurs villages, parmi lesquels celui de Bulan se fait distinguer par ses jolies maisons blanches. Après avoir dépassé ce dernier, on gravit le flanc des hauteurs de droite, et l'on ne tarde pas à se trouver sur un plateau, d'où l'on aperçoit à ses pieds Asque, beau village à demi éparpillé, et qui s'adosse presque à des montagnes couvertes de buis et de hêtres. On suit quelque temps le sommet du plateau, et l'on entre bientôt dans une gorge profonde, tapissée à droite et à gauche d'une noire et épaisse végétation. L'Arros coule dans le fond, et après l'avoir cotoyé une heure ou à peu près, on découvre tout-à-coup une enceinte de rochers à couleurs étranges, entre lesquels la rivière s'étend et forme une belle nappe azurée. Cet endroit est connu dans le pays sous le nom de *Gourgue* (bassin de l'Arros). Les roches ont des cavités assez vastes pour offrir un refuge aux troupeaux surpris par l'orage. Ce site est des plus pittoresques. En remontant encore plus haut, à une heure de distance, on trouve la principale source de l'Arros, nommée l'*Oueil* (l'œil). L'*Oueil* formait la limite de trois baronnies voisines, et l'on prétend que les trois barons réunis pouvaient déjeûner aux bords de la source, en restant chacun sur son domaine. Le sentier de la Gourgue à l'*Oueil* est difficile pour les piétons et impraticable aux chevaux. On ne dépasse point ordinairement la Gourgue, d'où l'on revient sur ses pas pour descendre dans le bassin d'Asque, et de là, en franchissant un col fort gracieux, gagner le charmant petit village de Marsas. Là, on rencontre un chemin de grande communication qui aboutit au plateau des Palommières. Cette excursion exige une journée tout entière.

VALLÉES
DE CAMPAN ET DE LESPONNE.

La première de ces vallées commence, à proprement parler, au-dessus de Bagnères. Une route bordée de peupliers et animée par le bruit de nombreuses usines, la traverse en remontant la rive gauche de l'Adour. A trois kilomètres environ de Bagnères, on découvre un grand bâtiment remis à neuf. C'est l'ancien couvent de Médoux, qui appartenait à l'ordre des Capucins. Il fut fondé, dans le seizième siècle, par Suzanne de Grammont, marquise de Monpezat. Le parc attenant au bâtiment est remarquable par une belle source qui forme un large cours d'eau, et par une grotte d'où s'échappe un courant d'air d'une extrême fraîcheur. Non loin de la source, s'élève un arbre qui est cité parmi les merveilles du règne végétal. C'est un châtaignier, vieux de deux ou trois siècles, qui se dresse haut et droit comme la tige d'un palmier, et qui n'a de branches qu'à son sommet terminé en éventail. A un quart d'heure de Médoux, qu'on restaure en ce moment, on aperçoit sur la route le village de Baudéan, annoncé par une tour féodale transformée en maison de plaisance. Baudéan s'enorgueillit d'avoir donné naissance à Larrey, l'illustre chirurgien en chef des armées impériales. Au-dessus du village s'ouvre la vallée de Lesponne, dont nous parlerons bientôt, et du pont qui traverse le torrent, on aperçoit, sur un monticule regardant les deux vallées, une belle maison moderne, perdue, pour ainsi dire, dans les feuillages; c'est l'ancien prieuré de Saint-Paul, où se retira, pendant les orages de la Révolution, l'abbé de Torné, ancien prédicateur de Louis XV, puis évêque constitutionnel de Bourges, et membre de l'Assemblée législative. De Saint-Paul, d'où la vallée de Lesponne se déploie avec sa magnifique couronne de forêts et de montagnes, on atteint le gros bourg de Campan, chef-lieu de la vallée. Cette localité n'offre rien d'intéressant; on la traverse rapidement, et à peine a-t-on dépassé les dernières maisons, qu'on se trouve dans un bassin ravissant : à droite se montrent des mamelons boisés dont les pentes ondulent mollement en prairies; de blanches maisons s'étagent sur ces pentes, protégées au nord et à l'ouest par des massifs de hêtres. La route que l'on suit court dans le fond de la vallée, et les maisons qui la bordent, échelonnées à de courtes distances, forment comme un village long de plusieurs lieues. Tandis que l'œil se repose complaisamment sur les belles croupes herbeuses de droite, il se heurte, pour ainsi dire, aux roches nues et stériles de la montagne opposée : là, tout est affreux et nu; pas un brin d'herbe sur ces pentes abruptes et ruineuses, où la trace des torrents d'hiver est marquée par de profondes déchirures. Ce contraste, qui fait tout le pittoresque du tableau, se prolonge avec les mêmes formes et les mêmes accidents de terrain jusqu'au village de Sainte-Marie, gracieusement posé sur une éminence. A deux kilomètres avant d'arriver à Sainte-Marie, une étroite et ombreuse vallée débouche avec son torrent sur la route même, et, en se réunissant avec la branche principale, forme un large bassin. C'est sans contredit le point le plus pittoresque; le fond de la vallée secondaire de Rimoula présente plusieurs plans de montagnes à coupes hardies, derrière lesquelles le Pic du Midi, à demi dérobé, dresse sa tête superbe. C'est là un tableau du plus imposant effet.

A Sainte-Marie, la vallée et la route se bifurquent. La branche de droite, que nous suivrons d'abord, conduit au hameau de Gripp. Elle est bordée à droite et à gauche de maisons fort rapprochées les unes des autres. Mais, à mesure que l'on avance, la vallée prend un autre caractère; sans cesser d'être gracieuse, elle devient plus sauvage; elle se rétrécit de plus en plus, et les sapins commencent à se montrer sur les hauteurs de gauche. A Gripp, petit hameau dans lequel se trouve une auberge fort propre et où l'on mange d'excellentes truites, on descend de voiture, et l'on s'achemine vers les cascades, qui sont au nombre de trois. La première, fort peu visitée, et qui est peut-être la plus belle, se précipite du plateau de l'Artigue, non loin d'un établissement d'eau sulfureuse froide, situé sur la rive droite de l'Adour, et où la commune de Campan, qui en est propriétaire, a fait exécuter récemment quelques travaux d'appropriation intérieure. C'est par ce côté qu'on aboutit à cette première cascade, qui bondit entre des sapins tordus, constamment fouettés du vent de l'abîme. Il est à regretter que Campan n'ait pas fait tracer, pour qu'on pût aboutir sans danger à cette belle chute d'eau, un sentier commode, qui pourrait cependant être établi à peu de frais. Mais si la première cascade est peu visitée, en revanche celle de Garet compte une affluence prodigieuse d'admirateurs. Pour y parvenir, on gravit sans beaucoup d'efforts les pentes du plateau de l'Artigue. Arrivé au sommet de l'escarpement, on se trouve dans un riant pâturage parsemé de granges, et où stationnent, pendant plus de six mois de l'année, les vaches de la vallée de Gripp. On passe entre les cabanes, en laissant à droite la seconde cascade, qui offre peu d'intérêt, et après avoir franchi l'Adour sur un pont de bois, on arrive par un sentier qui serpente entre de maigres tiges de sapin, sur un rocher d'où la cascade se déploie tout entière. De ce rocher, on peut descendre au fond de l'entonnoir, si l'on a le pied sûr, et si l'on ne craint pas le vertige. C'est un beau site que celui de Garet, beau par lui-même et beau par ce qui l'entoure. Le Pic du Midi apparaît à droite dans sa pose la plus imposante, et ce spectacle à lui seul vaut tout le reste. La course de Gripp, qui se fait ordinairement en voiture, est pour ainsi dire d'obligation ; elle peut être effectuée entre le déjeûner et le dîner, et ne prend pas plus de six heures, en y comprenant l'excursion à la cascade de Garet.

La branche de gauche conduit à l'hospice de Paillole et au col d'Aspin. Le paysage ici a un autre caractère que dans le vallon de Gripp ; il a quelque chose de plus gai et de plus souriant, du moins dans la partie inférieure. La route, qui est une route départementale allant de Bigorre à Luchon, se tient, jusqu'à un kilomètre de Paillole, sur la rive gauche du torrent, au-delà duquel s'allonge le plateau de la Laurence. Une longue file de maisons, placées presque à égale distance les unes des autres, se dessine, pendant plus de deux kilomètres, sur le sommet du plateau, et produit l'effet d'un grand village. Ce n'est cependant qu'un hameau dépendant de la commune de Campan, comme tous les autres groupes de la vallée. A cinq ou six mille mètres de

Sainte-Marie, le vallon s'étrangle en gorge ; l'Adour, profondément encaissé, coule entre des parois abruptes et bouleversées, et les sapins solennisent le paysage. On se croirait au fond d'un entonnoir. Mais à un angle de la route, une échappée s'ouvre vers le midi, et, au bout de quelques minutes, on entre dans une enceinte immense, entourée de toute part de superbes forêts, et au centre de laquelle s'élève un grand bâtiment neuf : c'est le cirque et l'hospice de Paillole. Cet édifice a été construit aux frais des communes propriétaires des belles forêts qui se dressent devant vous, et qui se nomment les Quatre-Véziaux d'Aure. Ce lieu a je ne sais quoi de calme et d'imposant. S'il faut en croire les traditions locales, il aurait été, au temps d'Auguste, le théâtre d'une lutte suprême entre les montagnards des Pyrénées et les légions conduites par Valerius Messala. Quoi qu'il en soit, une partie du cirque garde encore le nom de *Camp bataillé* (champ de bataille). L'hospice, destiné à recueillir, dans la saison des neiges, les voyageurs à pied ou à cheval qui traversent les cols versant de la vallée d'Aure dans celle de Campan, est aussi une auberge abondamment pourvue durant l'été, et où les étrangers peuvent faire de bons repas, et à des prix fort modérés.

Mais Paillole doit être une halte et non un but : la course ne serait pas complète si l'on ne gravissait pas le col d'Aspin. Une belle route, praticable aux voitures, et sans le moindre danger, se dirige vers la forêt, en laissant à gauche la belle carrière de marbre de Campan, rouverte au temps de Louis XIV, et depuis quelque temps exploitée sur une grande échelle. Nous recommandons cette magnifique marbrière à l'attention des voyageurs. Après avoir dépassé les huttes qui servent d'abri aux travailleurs durant la nuit, la route s'enfonce sous les sapins ; on chemine ainsi pendant deux kilomètres sous une voûte mystérieuse ; et quand on arrive à l'endroit où cessent les arbres, on découvre devant soi le col gracieusement coupé en demi-lune. On y touche, pour ainsi dire ; mais la route a tant de sinuosités, qu'il faut encore plus de demi-heure pour atteindre le point culminant. Il y a en tout cinq kilomètres de l'auberge de Paillole au col d'Aspin, et l'ascension exige environ cinq quarts d'heure pour les voitures et les piétons ; à cheval, elle se fait beaucoup plus vite.

Du haut du col, on plonge sur la vallée d'Aure presqu'entière, et l'on voit se hérisser les formidables sommets, plaqués de glace, qui séparent la France de l'Espagne. Ce sont les montagnes de la Pez et de Clarabide, qui dominent la pastorale vallée de Louron, dont on voit se dessiner au loin la coupure.

Le panorama qui se déploie du haut du col d'Aspin est un des plus vastes et des plus beaux qu'on puisse imaginer. Il s'agrandit encore si, au prix d'une légère fatigue, on se résout à gravir la montagne de gauche. De là, on découvre non-seulement la vallée tout entière, mais encore, vers le nord-est, l'immense plaine de la Garonne fuyant dans un horizon sans limites. Nous doutons qu'il y ait, sur

toute la chaîne, un tableau de ce genre, plus large
et plus splendide. Une journée entière doit être
consacrée à cette course; ce sera du temps bien
employé.

La vallée de Lesponne qui, comme nous l'avons
déjà dit, débouche dans celle de Campan, au-dessus du
village de Baudéan, bien que fort parcourue depuis
quelques années, n'est encore connue que d'une manière imparfaite. Ouverte entre le massif du Pic du
Midi et celui du Mont-Aigu, elle court de l'ouest à l'est.
Plus accidentée, plus montagnarde, si je puis le dire,
que celle de Campan, elle offre des tableaux plus
variés et des contrastes plus énergiques. Les hauteurs qui la bordent à droite et à gauche sont cou-
pées de gorges profondes encadrées de superbes
montagnes. Tous ces ravins sont vêtus sur leurs
flancs de hêtres ou de sapins, entre lesquels blan-
chissent, en se brisant sur les roches, des torrents
pleins d'écume et de bruit. Enfin, la vallée de Lesponne possède, à deux mille mètres au-dessus du
niveau de la mer, deux magnifiques nappes d'eau,
entourées chacune d'une enceinte de pics de la plus
fière structure. Ces deux nappes d'azur, ce sont les
lacs de Peyralade et du *Lhéou* (Lac Bleu). Le premier n'est guère connu que des pâtres de la vallée
et de quelques touristes locaux qui ne craignent
pas une ascension de trois heures sur des pentes
fort raides. Il est situé au sommet de la gorge qui
précède celle où se trouve le Lac Bleu, au-dessus du
pâturage de l'Aya, par lequel on peut aussi, quoi-

que très difficilement, atteindre le sommet du Pic du Midi. On va ordinairement à cheval jusqu'aux cabanes qui se trouvent dans ce vallon. Là, il faut forcément mettre pied à terre et gravir la montagne par les sentiers des troupeaux. Mais on est largement dédommagé de l'effort, lorsque, débouchant dans une enceinte assez étroite, on aperçoit, miroitant au soleil, une longue bande d'eau d'un vert bleuissant. Mais ce n'est pas le lac seul qui vous frappe, ce sont surtout les montagnes qui l'enserrent, et qui, vues de bas en haut, produisent l'effet d'une gigantesque broderie. Rien de plus grandiosement capricieux et de plus affreusement fantastique. Il y a cinq heures environ de marche de Bagnères au Lac de Peyralade. Il en faut quatre au moins pour le retour.

Le trajet de Bagnères au Lac Bleu, quoique un peu plus long, se fait en moins de temps : quatre heures et demie pour l'aller, trois heures et demie pour le retour. Cela tient à ce qu'on a tracé, il y a dix ou douze ans, un sentier sûr et commode, qui permet aux chevaux de gravir sans danger, depuis le fond de la vallée jusqu'au déversoir du lac. De Baudéan jusqu'au point où l'on traverse le torrent pour s'enfoncer dans la gorge du Lac Bleu, on chemine sur une route passable, où l'on peut trotter, et même galoper en beaucoup d'endroits. Le ravin du Lac Bleu est plus large que celui du Lac de Peyralade, et il se développe sensiblement lorsqu'on a dépassé la forêt qui occupe les pentes inférieures. On chemine alors dans un grand et beau

pâturage, où les troupeaux stationnent depuis le
commencement de juin jusqu'aux premiers froids
de l'automne. Ce pâturage se nomme le *Lhécou*. A
partir de cet endroit, le sentier, tantôt sur le flanc
droit, tantôt sur le flanc gauche du vallon, s'élève,
par des lacets bien pris, sur d'affreux talus de roche;
enfin, après avoir cotoyé un dernier escarpement
qui forme barrière et contient le lac du côté du
nord, on aboutit au déversoir, d'où le lac ne se
présente qu'à demi. Pour le voir dans toute son
étendue et dans toute sa splendeur, il faut abandonner les chevaux, que l'on confie aux guides,
et se résoudre à escalader l'escarpement dont nous
parlions tout-à-l'heure, et qui s'appelle le *Pas du
Bouc*. Cette escalade n'a rien de périlleux et peut
être tentée même par des dames. Du haut de ce promontoire, élevé de plusieurs mètres au-dessus du
lac, le spectacle est magique; on plonge sur une
vaste nappe d'eau d'un bleu aussi pur que celui du
ciel; et pour peu que la brise souffle, cette surface se
diamante ou se coupe de zones lumineuses du plus
bel effet. De plus, on distingue avec bien plus de
netteté les détails de cette majestueuse bordure de
montagnes qui encadre le lac, et que surmonte si
fièrement le Pic de Pène-Taillade (cime tranchée).
Au midi du Lac Bleu se trouve un second lac, beaucoup moins étendu, et qui communique avec le
premier. Au-delà s'étendent de larges pâturages, à
travers lesquels on s'élève jusqu'à un col qui verse,
par un large vallon latéral, dans la vallée de Barèges. C'est par ce col, où serpente un mauvais sen-

tier, que doit être ouverte une communication destinée à mettre en rapport le Pic du Midi et le Lac Bleu. Le parcours total de ce chemin ne dépasserait pas dix mille mètres.

On descend du promontoire par un autre passage connu sous le nom de *Pas de l'Ours,* et l'on aboutit au déversoir, où s'élève une maison d'une structure fort originale, et qui a été construite par l'administration des ponts-et-chaussées, pour servir d'abri à un nombreux personnel de travailleurs employés à creuser un tunnel, qui, aboutissant à trente ou quarante mètres au-dessous du niveau des eaux, videra d'autant le lac dans la saison de l'étiage. Ce travail, commencé depuis plusieurs années, touche presque à sa fin, puisqu'il ne reste plus que quelques mètres de roche à percer. Tout porte à croire que cette œuvre sera inaugurée dans le courant d'août ou de septembre de cette année.

Outre les belles courses du Lac de Peyralade et du Lac Bleu, la vallée de Lesponne offre une foule d'autres sites intéressants, qui se recommandent, non-seulement aux curieux, mais encore aux géologues et aux botanistes. Nous citerons entre autres le délicieux pâturage d'*Entayenté,* situé au midi, en face du village de Lesponne, et qui, par les vallons supérieurs du Courbet et de Conques, communique avec les cols d'Aouet et d'Arizes, rattachés au cône même du Pic du Midi. La flore de ce côté des montagnes de Lesponne est fort variée. Le retour peut s'effectuer par le vallon d'Arizes et la vallée de Gripp, ou bien par *Houn-Blanquo*. Mais la plus grande partie de ce trajet ne peut être effectuée qu'à pied, et la course exige au moins dix heures de marche. Nous signalerons encore, dans le fond de la vallée, à une heure et demie de distance de l'endroit où l'on traverse l'Adour pour pénétrer dans le ravin du Lac Bleu, la belle cascade de l'*Ouscouau*, perdue dans une épaisse masse de verdure, et bien supérieure, pour le volume de l'eau et la profondeur de la chute, à toutes les cascades de la vallée de Campan ; elle est alimentée par les eaux du petit lac de l'*Ouscouau*, gracieux vallon qui termine la vallée de Lesponne, séparée de celle de Barèges par de hautes et noires montagnes, et de celle d'Argelés par le col ou Fourche de Barran, d'où l'on descend par un ravin à pentes fort raides jusqu'au village de Villelongue, en face de celui de Pierrefitte. Le trajet de Bagnères à Argelés par la vallée de Lesponne est fort long et fort pénible, et ne demande pas moins de onze heures de marche. A gauche de la Fourche de Barran, se dresse en flèche le Pic d'Agut, d'où l'on découvre admirablement le Mont-Perdu et les groupes majestueux qui l'environnent. Nous signalons aux intrépides cette course, pour ainsi dire inédite.

Jusqu'à ce moment nous n'avons parlé que des montagnes qui bornent la vallée au midi et à l'ouest ; nous serions injuste si nous ne consacrions pas quelques lignes à celles qui la bornent du côté du nord. Ce côté, qui forme la région sylvestre du val de Lesponne, se rattache au Mont-Aigu, placé juste en face du Pic du Midi. Une foule de vallons secondaires débouchent de ces hauteurs. Le premier qui se présente en venant de Bagnères, est celui d'Ardezent qu'on peut remonter jusqu'au pâturage d'*Esquiou*; puis celui de la Glère, dominé à gauche par la superbe forêt de Transoubat; enfin, au-delà du village de Lesponne, s'ouvre un vallon plus large, au fond duquel se précipite une cascade : c'est celui du *Hour*. On y parvient par un sentier en zig-zag, dont les pentes pourraient être adoucies à peu de frais. Une fois au bout de ces lacets, on chemine sur un large chemin gazonné à travers un taillis de jeunes hêtres de la plus belle venue. Si l'on ne redoute pas une ascension un peu raide, on peut, en continuant à se tenir sur le même flanc du vallon, atteindre la base même du Mont-Aigu, et gagner un ravin sauvage où, de Bagnères, l'on vient chercher de la glace durant tout l'été ; il est fort rare qu'elle manque à cet endroit. Quand je pénétrai dans ce ravin, le 22 novembre de l'année dernière, la masse de neige était encore fort considérable. Creusée en dessous par l'eau d'un torrent, elle formait une belle arche d'une coupe élégante. Nous descendîmes dans le lit du torrent, et nous vîmes se déployer au loin devant nous une voûte immense, longue de plus de cinquante mètres. Le pont de neige de Gavarnie est bien inférieur à celui-ci. Le Mont-Aigu, qui se dresse droit comme une pyramide, est affreusement décharné sur cette face et complètement inabordable.

Si l'on ne s'élève point jusqu'aux neiges à peu près permanentes du Mont-Aigu, on peut faire une

promenade pleine de charme à travers les grandes
forêts de sapins. On traverse pour cela le torrent
qui descend du Mont-Aigu et, laissant à droite quelques cabanes de bergers, on gagne la forêt du Be-
ziaou, qu'on traverse par des pentes assez rudes. De
là, en suivant les crêtes boisées où se trouve la croix
de Béliou, on peut descendre, soit dans le vallon
de la Glère, d'où l'on rejoint le val de Lesponne,
soit dans la clairière du Couret, d'où un chemin
fort raide conduit au pâturage d'Esquiou. De ce dernier point, on se dirige vers le chemin du Mounné,
d'où l'on ne tarde pas à découvrir l'admirable bassin
de Bagnères, qui s'offre au regard, vers le déclin
du jour, avec un incomparable éclat de couleurs.
La plus longue de ces courses est cette dernière;
mais elle peut être faite à cheval, et prend de huit
à neuf heures.

LE MONT-AIGU.

Après le Pic du Midi, le Mont-Aigu est le sommet
plus élevé des environs de Bagnères. Cette montagne,
qui se dresse au-dessus de la vallée de Lesponne,
s'aperçoit de tous les environs de la ville, et s'im-
pose à l'attention par ses arêtes saillantes et sa longue
aiguille rocheuse. Peu de personnes tentent cette
course, qui ne peut être faite qu'à pied, avec beaucoup de fatigue, et non sans quelque danger. La
montagne ne peut guère être abordée que par le
nord-ouest. On se dirige d'abord vers le *Couret*,

qui domine à l'ouest le plateau d'Esquiou, juste en face du Mounné. De là, on s'élève insensiblement au-dessus des forêts, et après avoir traversé de grands pâturages, l'on aborde enfin le pic par une étroite arête assez semblable au faîte d'un toit. C'est là qu'est toute la difficulté de l'ascension. Cette arête se prolonge jusqu'à la cime, d'où le regard plonge sur une foule de vallées et sur la plaine, plus distincte de ce point que du sommet du Pic du Midi. Mais la vue sur la chaîne des Pyrénées est fort circonscrite, et est loin de répondre à l'idée qu'on s'en était faite. Somme toute, l'ascension au Mont-Aigu est très pénible, et le spectacle ne dédommage point de la fatigue. Un guide est indispensable pour cette excursion, qui exige toute une longue journée.

BAINS SULFUREUX DE GAZOST.

Pour cette excursion, comme pour celle de la Clique de Germs, il faut aboutir au plateau de la Croix-Blanche. Là, au lieu de se diriger à l'ouest, on incline vers le nord, et après avoir traversé ce long pâturage dans toute son étendue, on descend par un sentier assez raide dans un vallon, ou plutôt dans un ravin traversé par un chemin de grande communication. On le remonte pendant quelque temps, après quoi on l'abandonne pour se diriger vers deux masses calcaires, dont l'une porte à son sommet un pan de muraille croulante : c'est là tout ce qui reste de l'ancien château féodal de Castelloubon (*). Une fois les ruines dépassées, on ne tarde pas à découvrir l'agreste village de Coddoussan, d'où l'on s'élève, après avoir traversé un autre village, Ourdis, jusqu'à un col, d'où l'on descend dans la vallée de Gazost. La commune de ce nom se montre bientôt; mais les bains sont plus loin dans la montagne. La route que l'on suit est des plus accidentées, et les tableaux gracieux ou sauvages se succèdent sans interruption jusqu'à l'établissement, situé au pied de deux hautes pyramides boisées.

Le bruit de l'industrie, représentée au fond de cette gorge par une magnifique scierie à bois, anime cette romantique solitude. A côté de l'usine, s'élèvent les bains et la maison affectée aux baigneurs. Cet établissement est à peine créé d'hier, et déjà il commence à se faire un nom et une clientèle, et ce n'est que justice. Les eaux sulfureuses de Gazost sont, d'après une analyse récente, les plus fortement iodurées de toutes les Pyrénées. Longtemps ignorées, ou utilisées seulement pour les habitants du pays, qui venaient se plonger à la source même, dans des espèces d'auges de bois, ces eaux coulent aujourd'hui dans des baignoires propres et commodes. L'hôtel est bien tenu, et je ne doute pas que des maisons nombreuses ne viennent se grouper autour de ce premier édifice, lorsqu'une route facile, aujourd'hui en cours d'exécution, reliera la colonie

---

(*) Voir *Les Pyrénées Illustrées,* chez les mêmes éditeurs.

naissante de Gazost avec Lourdes et Bagnères. En attendant, nous recommandons la course dans cette vallée, comme une des plus pittoresques et des plus intéressantes qu'on puisse faire dans les environs de Bagnères.

Le retour peut s'effectuer par Lourdes, dans la même journée. Mais, dans ce cas, la course devient fatigante en raison de sa longueur.

PIC DU MIDI DE BIGORRE.

Cette ascension, qui effrayait autrefois les plus intrépides, est devenue singulièrement facile depuis quelques années. Autrefois, aucun chemin tracé de main d'homme ne s'offrait aux pas du voyageur, qui était réduit à suivre des sentiers étroits et périlleux, marqués à peine sur le sol et s'interrompant sur la roche. Ce fut seulement vers 1840 que la vallée du Bastan, à l'occasion du voyage aux Pyrénées d'un prince de la famille d'Orléans, fit ouvrir, depuis les cabanes de Thou, où passe la route de Barèges à Bagnères, un chemin à rampes étroites, mais néanmoins praticable aux chevaux. C'était là une amélioration très réelle, mais qui ne profitait guère qu'aux voyageurs partant de Barèges. Ceux qui venaient de Bagnères, pour user de ce chemin, étaient obligés de monter au sommet du Tourmalet, puis de descendre vers Thou, pour rejoindre le sentier qui se dirige vers le cône du Pic. Ce ne fut que dix ans plus tard, en 1849, que la municipalité de Bagnères songea enfin à établir un chemin par la gorge de Sencours versant dans le vallon d'Arizes, lequel, à son tour, verse dans la vallée de Campan, au-dessus des cascades de Gripp. C'est ce dernier tracé que suivent tous les voyageurs partis de Bagnères pour visiter le Pic du Midi. Mais Bagnères, longtemps en retard sur Barèges, a pris glorieusement sa revanche, et, grâces à l'initiative de quelques hommes désintéressés, à la tête desquels s'est placé le docteur Costallat, une hôtellerie fut fondée en 1852, sur les flancs du Pic, à deux mille quatre cents mètres au-dessus du niveau de la mer. L'année suivante, ce bâtiment fut détruit par une avalanche. L'intrépide docteur ne se découragea pas; communiquant sa confiance aux actionnaires, il obtint de nouveaux versements de fonds, et, l'année suivante, un édifice plus solide et n'ayant rien à redouter de la chute des neiges, s'élevait à quelques mètres plus haut, sur une crête qui domine le Lac d'Oncet, au point de jonction des chemins de Bagnères et de Barèges. Cette hôtellerie, exploitée depuis deux ans, jouit déjà d'une vogue méritée; on y trouve des provisions abondantes et à des prix fort modérés. Une pièce est exclusivement réservée aux dames, et si les lits ne sont pas tout-à-fait moelleux, il ne faut pas oublier qu'on couche à deux mille quatre cents mètres au-dessus de l'Océan.

Pour arriver de Bagnères à l'hôtellerie du Pic, on suit jusqu'à l'auberge de Gripp la grande route carrossable de la vallée de Campan, qu'on abandonne à l'auberge même, pour prendre celle du

Tourmalet, qui conduit à Barèges. A quatre kilomètres plus haut, à l'endroit où débouche le vallon d'Arizes, et où le Pic se montre tout-à-coup de la base au faîte, on tourne à droite, et après avoir cotoyé quelque temps le torrent qui mugit à une grande profondeur, on entre dans une vaste pelouse qu'on traverse rapidement; on passe sur un pont de bois jeté sur le torrent apaisé tout-à-coup, et l'on s'élève par un sentier assez large sur le flanc gauche du pâturage d'Arizes. Après une heure de marche environ, on atteint une gorge profonde, ouverte entre le Pic et des montagnes affreusement escarpées; on admire, en montant par un sentier en zig-zag, le cône majestueux du Pic, qui, de loin, semble tout buriné de gigantesques hiéroglyphes, et aussi les coupes hardies des monts de gauche, dont l'un, la Picarde, fait l'effet d'un immense fronton. Au bout d'une heure et demie, à partir de la Picarde, on atteint le Col de Sencours et la maison de refuge, au pied de laquelle miroite le lac d'Oncet, dominé par des cimes horriblement déchirées. De cette crête, on aborde le cône même du Pic, en suivant de longs lacets, dont quelques-uns surplombent le lac. Une heure suffit pour aller de l'hôtellerie au sommet de cet observatoire sans rival dans les Pyrénées. Il faut renoncer à décrire le tableau qui de ce point culminant s'offre à l'œil ébloui. Toutes les Pyrénées sont là devant vous, rangées en un vaste demi-cercle, depuis la Méditerranée jusqu'à l'Océan. Au centre, et formant les plus hauts gradins de ce prodigieux amphithéâtre, se dressent la

Maladetta, Neoübieille, la brèche de Roland, le Vignemale. C'est un chaos de cimes, une confusion splendide. Vers le nord, la perspective est sans limites : à vos pieds, toute la plaine du Bigorre ; plus loin, les plaines de la Guienne et du Languedoc ; c'est à confondre l'esprit et à désespérer le regard. Cette belle excursion, comme nous l'avons dit plus haut, peut être très aisément et très rapidement faite. Si on ne veut voir ni le lever, ni le coucher du soleil, il suffit de partir de Bagnères à quatre ou cinq heures du matin ; au bout de deux heures on est à Gripp ; de Gripp à l'hôtellerie il faut trois heures, et de l'hôtellerie au sommet, une heure ou une heure et quart ; en tout six heures et demie environ, de Bagnères au sommet du Pic du Midi. Cette course se fait à cheval. On peut rester en selle constamment ; on ne met pied à terre qu'à deux ou trois minutes de la cime. Cinq heures et demie suffisent pour le retour. Afin de diminuer la fatigue, fort peu grande du reste pour des personnes habituées au cheval, on peut faire en voiture le trajet de Bagnères à Gripp, en ayant soin de faire partir deux heures à l'avance pour cette station le guide et les chevaux. De cette façon, on ne reste pas plus de sept heures à cheval. Si l'on veut contempler le spectacle du lever du soleil, admirable scène au-dessus de toute description, on doit partir de Bagnères au plus tard à sept heures du soir, afin de se trouver vers une heure du matin à l'hôtellerie, où l'on se repose quelque temps avant d'entreprendre la dernière ascension. Si l'on veut voir et le coucher et le lever du soleil, il est nécessaire de se mettre en route avant onze heures du matin, au mois d'août, et avant dix au mois de septembre. Dans ces deux derniers cas, la course du Pic exige deux jours.

LHÉRIS.

Lhéris est cette grande brèche calcaire qui tranche sur l'azur, et qu'on découvre au sud-est de Bagnères. Elle a la forme d'un casque antique, et bien qu'elle paraisse fort abrupte, elle peut être abordée sans danger et presque sans fatigue. Elle s'élève au fond d'une gorge, à l'entrée de laquelle est bâti le gros village d'Asté. Pour arriver à ce village, on suit la route de Campan, que l'on quitte au premier pont jeté sur l'Adour. A quelques pas de ce pont, l'on prend un chemin bien entretenu qui traverse sinueusement la plaine, et conduit en moins de vingt minutes aux premières maisons d'Asté. On traverse alors un ruisseau, auquel se rattache un souvenir historique, et qu'on appelle dans le pays *Laco dé Bourboun* (mare de Bourbon). Or, ce Bourbon n'est autre que Henri IV qui, n'étant encore que roi de Navarre, venait souvent visiter dans le château, dont les ruines sont à deux pas, cette belle Corisandre d'Andouin, aimée comme tant d'autres et comme tant d'autres oubliée par le vert-galant. Corisandre, veuve du comte de Grammont, vivait solitaire dans le manoir d'Asté, berceau de cette famille illustre, qui, à la suite d'un mariage, changea le titre et les armoiries de la vicomté d'Asté, pour prendre, vers le milieu du quinzième siècle, le nom et les armes des Grammont de Navarre. Henri IV, s'il faut en croire la tradition, arrêtait son cheval aux bords du ruisseau, et l'y laissait s'abreuver. De là le nom de *Laco dé Bourboun*. Non loin du ruisseau s'élevait le château féodal, bâti par Menaud d'Aure, un des derniers vicomtes d'Asté, le père de celui qui épousa l'héritière des Grammont. En se dirigeant vers la gorge, ouverte au sud-est, et qui mène à Lhéris, on passe au bas d'un monticule, couronné de pans de murs vêtus de lierre. C'est tout ce qui reste de ce splendide château de *Ménodore* (Menaud d'Aure), célébré par le chevalier de Grammont, qui n'était pas, à ce qu'il paraît, très fort sur l'orthographe de famille. Après avoir dépassé les ruines du château, l'on entre dans la gorge, où l'on cotoie quelque temps un ruisseau peu bruyant ; le chemin ne tarde pas à devenir plus étroit, et l'on commence à gravir, par des lacets assez courts et assez raides, les premiers escarpements de la montagne. Au bout d'une heure de marche, on rencontre une forêt, et après quelques efforts nécessités par des pentes plus fortes, on débouche dans un vaste pâturage ; c'est le *Teilhet* d'Asté, d'où, comme si un immense rideau se levait soudain, on découvre le Pic du Midi, fier dominateur, entouré de toutes parts de montagnes vassales. Ce spectacle est splendide et saisissant. On traverse le pâturage, en cotoyant la forêt largement éclaircie par la cognée, et l'on atteint bientôt, c'est-à-dire après demi-heure de marche environ, le vallon étroit qui se creuse auprès de la *Pène de Lhéris*. *Pène,* dérivé très certainement du celte *Penn* (crête), est le nom que les montagnards donnent à la brèche de Lhéris. On s'arrête quelques instants autour des cabanes de pasteurs, près d'une fontaine d'une fraîcheur presque glaciale, où, si l'on est à cheval, il faut nécessairement mettre pied à terre, car il serait imprudent de vouloir faire monter même les plus solides chevaux sur ces pentes fort inclinées qui se dressent devant vous. On aborde ces pentes en tirant un peu vers la gauche, et après avoir gravi en biaisant, pendant un quart d'heure, les flancs gazonnés de la montagne, on parvient sur une croupe verte plus mollement inclinée, à droite de laquelle s'ouvre, entre des touffes d'arbres, une excavation profonde appelée le Puits des Corneilles. Cette croupe, c'est la prairie de Lhéris, qui, aux mois de juin et de juillet, ressemble, sans exagération aucune, à un véritable parterre, tant elle est couverte alors de fleurs variant à l'infini leurs formes et leurs couleurs. Ce lieu est depuis longtemps connu des botanistes ; Tournefort l'explora longtemps, et une inscription en assez mauvais vers français signale, dans le village d'Asté, le modeste réduit où le célèbre naturaliste

> Des fatigues du jour se reposait la nuit.

C'est un véritable plaisir que de cheminer sur ce gazon où le pied, en foulant les plantes, fait s'élever des parfums de toute part. Mais tout-à-coup les pentes se redressent ; encore un effort et l'on touche à un premier sommet. Enfin on se trouve sur le point culminant, sur le sommet du casque, au bout de l'escarpement perpendiculaire qui domine le vallon d'une hauteur de plus de deux cents mètres. Pour regarder en bas, il faut ne pas être sujet au vertige. Il vaut mieux détourner ses regards de l'abîme et les porter tour-à-tour, au midi, sur ces superbes montagnes, au nord, sur les lignes fuyantes de l'horizon, qui se succèdent en s'élargissant toujours. D'un côté le gigantesque, de l'autre l'infini.

Quand on a bien regardé et qu'on s'est bien ébloui de ce tableau magique, au lieu de revenir par la pelouse, on prend, sur la droite de la Pène, un sentier fort raide qui aboutit à une fissure de la roche, appelée le Pas du Chat, où l'on se laisse glisser, et après laquelle on descend en ligne droite dans le vallon.

Mais la course de Lhéris doit avoir pour complément indispensable celle d'Ordinsède. Pour arriver à ce site, un des plus curieux sans contredit des Pyrénées, on remonte le vallon vers le midi, et en passant immédiatement au-dessous de la Pène, le guide ne manque pas de pousser le cri aigu du montagnard, que l'écho, si on daigne en croire les gens du pays, répète jusqu'à neuf fois, et trois ou quatre seulement, si l'on s'en rapporte à ses propres oreilles.

Après avoir gravi un col assez peu élevé, on gagne un chemin d'un abord assez difficile, qui s'enfonce, à droite, sous des hêtres aux troncs décharnés, et après une ascension de trois quarts d'heure à peu près, on sort de cette triste enceinte, et l'on voit tout-à-coup l'espace s'élargir par l'écartement de deux montagnes. On est à Ordinsède, pâturage où montent tous les ans, au mois de juin, les troupeaux de la vallée de Campan. On s'achemine dans la direction de l'ouest, vers une douzaine de cabanes jetées sans ordre sur le rebord du plateau. Quand on arrive là, on est saisi, c'est le mot. Toute la vallée de Campan est à vos pieds, avec toutes ses ramifications, Paillole, Rimoula, Gripp, et non-seulement la vallée de Campan, mais encore celle de Lesponne, dont la coupure se dessine avec une singulière netteté. Ce tableau si large n'a rien de confus; tout est précis et accusé, tout paraît jusqu'aux moindres détails, et l'on pourrait, pour ainsi dire, compter toutes les maisons de la vallée. Malheureusement, il faut payer le plaisir que l'on éprouve sur le plateau d'Ordinsède; le sentier qui descend dans la vallée est fort scabreux, et d'une interminable longueur. Il est tracé sur la roche vive, et il est impossible de le descendre à cheval. La belle excursion de Lhéris et d'Ordinsède demande la journée tout entière; celle de Lhéris seule peut être effectuée en moins de huit heures, y compris la halte à la fontaine et la station au sommet de la brèche.

HOUN BLANQUO.

Ce pâturage, non moins beau que celui d'Ordinsède, est situé sur le revers méridional de cette ligne de montagnes qui domine à l'ouest la vallée de Campan, et qui se termine au-dessus de celle de Rimoula. On commence l'ascension immédiatement après la porte d'entrée du parc de Saint-Paul, par un chemin creux qui débouche enfin sur une pelouse découverte, d'où l'on gagne la gracieuse forêt de Niclade. De là, on suit pendant une heure et demie un sentier assez large, mais souvent très escarpé. Insensiblement, la pente s'adoucit, et après avoir traversé un large ruisseau, produit de la fonte des neiges et de plusieurs sources réunies, on appuie sur la droite, et tout-à-coup on se trouve en face du Pic du Midi et du superbe groupe de montagnes qui occupe le fond de la vallée de Rimoula. C'est un tableau des plus imposants et des plus sévères. Mais le regard, borné de ce côté-là, s'étend prodigieusement vers l'est, et les glaciers de la Maladetta apparaissent dans tout leur éclat. La vue de *Houn Blanquo*, comme vue de montagnes, est préférable à celle de Lhéris. On peut aussi découvrir la plaine, en gravissant jusqu'à de magnifiques blocs de quartz qui se trouvent sur la crête. On descend de *Houn Blanquo* par le midi en passant à côté du lac d'*Aygos rouyos* (eaux rouges), ainsi nommé, assure-t-on, d'une source ferrugineuse fort abondante qui vient s'y perdre. De ce lac on descend, sans trop de fatigue, à travers les immenses pâturages de la vallée de Rimoula, dont on atteint l'entrée après deux heures et demie de marche. A partir de ce point, on n'a qu'à suivre la grande route pour rentrer à Bagnères. Durée de la course : neuf heures à pied, sept heures et demie à cheval.

Je pourrais encore indiquer une foule d'autres excursions, qui toutes auraient leur intérêt ou leur charme propre. Mais il faut savoir se borner, et il n'est pas mal aussi, ce me semble, de laisser aux touristes quelque initiative, et avec cette initiative, la satisfaction, plus douce qu'on ne pense, de faire quelque découverte dans les régions inexplorées ou peu fréquentées de la montagne. D'ailleurs, d'autres lieux nous appellent, d'autres scènes, d'autres spectacles. Bagnères n'est, pour ainsi dire, que le seuil des Pyrénées; les sommets qui l'environnent n'ont ni la grandeur ni la majesté terrible des pics géants des vallées du Gave et de la Garonne. Nous sommes aux premiers gradins d'un cirque prodigieux; il faut gravir les degrés supérieurs et s'élever jusqu'à ces vallons solitaires où apparaissent, avec une si fière attitude, le Vignemale, le Mont-Perdu et la Maladetta. Disant donc adieu à l'aimable ville, si voluptueusement couchée au pied de sa colline, nous nous acheminerons, et nous vous acheminerons avec nous, des sources de l'Adour à celles des gaves, et après avoir visité celles-ci, nous vous conduirons, par les vallées supérieures, du Pic du Midi d'Ossau à la Maladetta d'Aran.

DE BAGNÈRES-DE-BIGORRE A PAU.

VALLÉE DU GAVE.

La vallée du Gave est séparée de celle de l'Adour par une chaîne secondaire, ramification puissante de la chaîne principale. Cette chaîne se termine brusquement aux environs de Lourdes, et entre cette dernière ville et Bagnères il n'y a qu'une série de collines et de plateaux coupés de ravins et d'étroites vallées. Une belle route, qui rejoint au-dessus du village de Montgaillard celle de Bagnères à Tarbes, après avoir gravi une ligne de coteaux peu élevés, débouche sur les plateaux, et tantôt s'enfonçant dans les ravins, tantôt se relevant, conduit à Lourdes, à vingt kilomètres de Bigorre. Cette route est fort pittoresque; à chaque pas les aspects changent et le paysage se diversifie. La première chaîne se déploie tout entière devant vous, dominée par le Pic du Midi et le Mont-Aigu, et la seconde se révèle par les glaciers du Vignemale et les pics de Ger et de Gabisos, suspendus sur la vallée d'Ossau. Les deux côtés de la route ont aussi leurs attraits : de belles prairies plantées de chênes verdoient sur les pentes et dans le fond des ravins. Un de ces vallons, plus large que les autres, débouche au pied de la côte de Loucrup, avec son petit ruisseau qui, réuni à un autre plus considérable, forme la rivière de l'Echez. Ce cours d'eau, s'élargissant peu à peu, arrose, à quelques kilomètres sur la droite, cinq ou six beaux villages, parmi lesquels on distingue celui de Bénac, surmonté des ruines d'un château féodal, célèbre dans le pays par une légende d'après laquelle le sire Bos de Bénac, prisonnier des Infidèles, aurait été transporté, en trois jours, on devine par qui, de la prison où il languissait en Palestine jusqu'à son manoir des Pyrénées, au moment où sa femme, le croyant mort, allait passer dans les bras d'un autre époux. Bénac n'est situé qu'à deux ou trois kilomètres de Loucrup. Après avoir franchi quelques autres ravins, la route entaille la base d'une montagne élevée, et l'on ne tarde pas, après avoir franchi ce passage, à découvrir, fièrement campée sur un rocher à pic, une tour fort haute qui domine une ville assez importante, étendue, en quelque sorte, aux pieds d'un vieux château. C'est le fort et la ville de Lourdes, où l'on arrive une demi-heure après.

LOURDES.

Lourdes est bâti sur un plateau exhaussé de plusieurs mètres au-dessus du cours du Gave, qui, profondément encaissé dans la roche, coule au pied d'une énorme masse calcaire couronnée de sa vieille citadelle féodale. Ce château, qui a joué un grand rôle dans l'histoire du pays, était considéré comme une des clés du Bigorre, et cette position, inexpugnable avant la découverte de la poudre, fut fortifiée de temps immémorial. Les Romains l'avaient à coup sûr occupée, témoins de vieux débris de murs qui portent encore l'empreinte ineffaçable de la main du peuple-roi. Les Sarrasins, s'il faut en croire une légende écrite, selon nous peu digne de foi, s'y seraient cantonnés après le désastre de Poitiers, et n'auraient cédé la place qu'à Charlemagne, qui en aurait fait don à l'église de Notre Dame du Puy en Velay, en reconnaissance de l'intervention de cette protectrice céleste. En effet, Notre Dame du Puy aurait déterminé, par un miracle, le chef Sarrasin enfermé dans la place, à se soumettre au roi des Francs, retenu depuis plusieurs mois devant ce formidable rocher. Dans le XIVe siècle, Lourdes, avec le reste du Bigorre, fut remis à l'Angleterre, d'après une clause du traité de Bretigny. Sous le règne de Charles V, le duc d'Anjou, guerroyant en Guienne contre les Anglais, et appelé par la noblesse révoltée du Bigorre, après avoir emporté la ville, vit échouer tous ses efforts contre la citadelle. Les Anglais s'y maintinrent longtemps encore, et ce ne fut que cinquante ans plus tard, qu'ils en furent définitivement expulsés, ainsi que des autres positions militaires qu'ils tenaient dans le pays. Après la retraite des Anglais, le rôle guerrier de Lourdes semblait achevé, lorsqu'éclatèrent les troubles religieux du XVIe siècle. Les catholiques restèrent constamment maîtres de ce poste, et repoussèrent plusieurs fois les attaques des protestants du Béarn. Ils repoussèrent non moins énergiquement celles des ligueurs, et conservèrent cette place importante à leur souverain légitime Henri de Navarre. Quand la lutte cessa, Lourdes ne garda plus dans son enceinte que quelques soldats destinés plutôt à la police du pays qu'à la défense de la citadelle. Dans le XVIIIe siècle, le château devint une prison d'Etat, et conserva cette triste destination durant la Révolution et l'Empire. Aujourd'hui il est classé comme place de guerre, et a été restauré, c'est-à-dire profané par le génie militaire. Du haut du donjon, l'œil embrasse une immense étendue de pays, et nous recommandons ce point de vue aux amateurs du pittoresque. D'ailleurs, la citadelle elle-même a son intérêt, et l'on peut visiter encore les cachots qui s'enfonçaient jusque sous le lit du Gave.

Lourdes, dont les environs gardent des traces nombreuses de la domination romaine, est situé à l'entrée du Lavedan, ou pays des sept vallées. Grâces à sa position, cette ville est comme le rendez-vous obligé de toutes les populations de cette partie des montagnes. Aussi ses grands marchés du jeudi, qui ont lieu tous les quinze jours, attirent-ils une grande affluence, qui ne se compose pas uniquement de gens du pays. On y vient des départements voisins pour acheter les vaches du Lavedan, dont la race est excellente. Lourdes est en outre le siége d'un tribunal civil ; la sous-préfecture est à Argelés. — Bon hôtel, celui de la Poste, tenu par Laffitte.

Bagnères, durant la saison thermale, est en communication directe avec Lourdes, au moyen de diligences qui se rendent à Cauterets. A Lourdes, les étrangers qui veulent aller vers les Eaux-Bonnes rencontreront de nombreuses voitures se dirigeant de Barèges ou de Cauterets vers Pau. Il part tous les matins de cette dernière ville plusieurs diligences qui transportent rapidement les voyageurs, soit aux Eaux-Bonnes, soit aux Eaux-Chaudes. On peut aussi, si l'on ne veut point passer à Lourdes, se rendre de Bagnères à Pau, en passant par Tarbes. Le trajet se fait, en toute saison, en moins de six heures. Mais cette dernière route est beaucoup moins intéressante et beaucoup moins pittoresque que la première, qui se développe dans la magnifique plaine du Gave. Aussi engageons-nous les touristes à faire comme nous, c'est-à-dire, à donner la préférence à la route de Bagnères à Pau, par Lourdes.

On sort de Lourdes par une belle chaussée qui contourne le château, et on découvre bientôt, baigné par le Gave qui l'enlace d'un superbe repli, le côté le plus abrupte de ce formidable rocher. L'eau, profondément encaissée sur ce point, blanchie sur les bords, a dans le milieu cette teinte bleu-vert qu'on retrouve sur tous les points où ce beau torrent se rétrécit ou s'apaise. A deux ou trois kilomètres plus loin, on rencontre le domaine de Visens, où se trouvent un dépôt de remonte et une ferme-école; nous recommandons aux agronomes cet établissement complet sous tous les rapports. Après Visens, la gorge où coule le Gave s'étrangle de plus en plus, et des forêts de chênes descendent des hauteurs de gauche jusqu'aux bords de la rivière. On atteint bientôt le village de Peyrouse que traverse la route, et après ce dernier la petite ville de St-Pé, à dix kilomètres de Lourdes. St-Pé a marqué dans l'histoire religieuse du Bigorre. C'était le siége d'une riche abbaye fondée dans le XIe siècle par le duc de Gascogne, avec le concours du comte de Bigorre et du vicomte de Béarn. Les bâtiments de l'ancienne abbaye sont aujourd'hui occupés par un petit séminaire.

A quatre kilomètres de St-Pé, on quitte le Bigorre pour entrer dans le Béarn. A deux kilomètres plus loin, le pays de Gaston Phœbus et d'Henri IV se révèle par le gracieux village de Lestelle, où l'on aboutit par le pont de Bétharram, arche hardie jetée sur le Gave et tapissée d'une opulente tenture de lierre du plus charmant effet. Bétharram est, comme St-Pé, un petit séminaire, dont l'église placée sur la route n'a rien de monumental au dehors; l'intérieur ne brille que par un luxe de mauvais goût, la dorure y domine beaucoup trop. Au-dessus de l'église s'élève une colline boisée où l'on monte par des rampes assez raides, au bout de chacune desquelles se trouve une petite chapelle ornée d'assez bonnes sculptures. Ces chapelles, étagées les unes au-dessus des autres, forment les stations d'un calvaire, où de nombreux pèlerins de toutes les vallées du Bigorre se rendent processionnellement le 8 septembre, jour d'une des nombreuses fêtes de Notre Dame *(Noustro Damo),* comme disent les paysans. La

Vierge de Bétharram est fort vénérée, et c'est elle que Jeanne d'Albret invoquait au milieu des douleurs de l'enfantement, dans une chanson béarnaise qui commence ainsi :

> *Noustro Damo det cap det poun,*
> *Adyudam'en aqueste horo.*
>
> Notre Dame du bout du pont,
> Aidez-moi en cette heure.

Je doute que Notre Dame ait entendu la prière de la future calviniste ; cependant l'enfant qui naquit à la suite de cette chanson, fut Henri de Navarre, plus tard Henri IV de France.

Du haut du calvaire, la vue s'étend au loin sur les Pyrénées et sur la plaine du Gave, parsemée de nombreux villages, et sur les vallées qui descendent des montagnes. Si nous ne conseillons pas aux touristes toutes les stations du calvaire, nous leur conseillerons du moins la dernière.

On peut encore visiter dans les environs de Lestelle, où, du reste, il y a deux hôtels passables, une grotte située à une demi-heure de distance, sur le territoire de la commune d'Asson. On y pénètre avec quelque difficulté ; mais bientôt les parois s'élargissent, les voûtes s'élèvent, et l'on parcourt une série de salles décorées de splendides cristallisations. Les amateurs des merveilles souterraines n'auront qu'à se féliciter de cette excursion, un peu longue, il est vrai ; car elle demande au moins trois heures.

Après avoir quitté le village de Lestelle, on ne tarde pas à atteindre celui d'Igon, traversé par la route. Là, si l'on est à cheval ou à pied, ou bien si l'on a une voiture à soi, on peut considérablement abréger, et gagner une journée, en renonçant à passer par Pau, pour se rendre aux Eaux-Bonnes. Une route de grande communication se présente, qui, traversant les villages d'Asson et de Bruges, descend dans la vallée d'Ossau, au village de Louvie. De Louvie aux Eaux-Bonnes et aux Eaux-Chaudes, il n'y a guère plus d'une vingtaine de kilomètres.

Maintenant que nous avons donné cette indication, poursuivons notre voyage vers Pau. Après Igon, la route, courant entre de magnifiques cultures, atteint un gros bourg aux maisons bien bâties, c'est Coarraze. Sur la droite s'élève une assez belle maison où conduit une large avenue; une vieille tour à demi-ruinée précède le bâtiment moderne. Ce débris est tout ce qui reste de l'ancien château où Henri IV, élevé avec les fils des paysans, passa les jours de sa rude enfance. Sur la tour on lisait cette inscription fataliste en langue espagnole : *Lo que ha de ser, no puede faltar* (ce qui doit être ne peut manquer d'arriver). Le château actuel est entouré d'un parc bien dessiné et planté d'assez beaux arbres.

En face de Coarraze, de l'autre côté de la route et de l'autre côté du Gave, apparaît la jolie ville de Nay, précédée du bourg de Claracq, qui n'en est séparé que par la largeur de la rivière. Un pont réunit ces deux localités. Nay est une ville industrielle de trois ou quatre mille habitants, dont un grand nombre sont employés dans les filatures. Cette ville compte un assez grand nombre de protestants, et elle s'honore d'avoir donné le jour à Jacques Abbadie, ministre de la religion réformée, et auteur du fameux livre *De la Vérité de la Religion chrétienne*, dont Mme de Sévigné parlait avec tant d'enthousiasme (*).

PAU.

De Coarraze à Pau, il y a dix-huit kilomètres de grande route, et dans ce parcours s'échelonnent une foule de villages bien construits, et qui respirent, pour la plupart, un air d'aisance et de propreté. Une foule de châteaux et de maisons de campagne se montrent sur les mamelons qui bordent le chemin; des champs et des prairies, coupés de haies vives ou de rideaux de peupliers, étalent à droite et à gauche le luxe de leurs herbes et de leurs moissons; et c'est à travers cette nature en fête et des populations réjouies, que l'on arrive à Bizanos, où l'on commence à gravir une côte assez rapide qui vous mène sur le plateau où s'élève la ville de Pau. On entre dans l'ancienne capitale du Béarn, aujourd'hui chef-lieu des Basses-Pyrénées, par une belle rue où l'on découvre le lycée, bâti dans une position des plus heureuses; on débouche bientôt sur la Place Royale, ornée d'une statue d'Henri IV, un peu lourde et un peu massive, mais

---

(*) Voir sur Nay et sur la vallée du Gave *Les Pyrénées Illustrées*, chez les mêmes éditeurs.

d'un bel effet. C'est l'œuvre du statuaire Raggi ; les bas-reliefs, représentant les principales scènes de la vie du Béarnais, sont d'Etex. Ce monument fut inauguré en 1843. La Place Royale s'élève en terrasse sur la plaine du Gave, et de son extrémité les Pyrénées se déploient avec un incomparable éclat, couronnées de leurs neiges et de leurs glaciers. Les Pics du Midi d'Ossau et de Bigorre dominent fièrement cette superbe ligne de montagnes. Peu de villes, que nous sachions, ont une promenade pareille à celle-ci, et d'où se déroule une aussi large et une aussi splendide perspective.

De cette place, on se dirige vers le château, édifice irrégulier, bâti à l'extrémité ouest de la ville, sur une éminence qui termine le plateau et taillée à pic, excepté du côté où elle se rattache à la ville. On pénètre dans le vieux monument par un pont assez étroit, et après avoir passé sous une longue voûte, on se trouve dans une cour intérieure, entourée de constructions de diverses époques et de divers styles, et au centre de laquelle apparaît un puits creusé à une très grande profondeur. Le château de Pau existe depuis le XIe siècle, et il est antérieur à la ville. Il fut construit par les vicomtes du Béarn pour la défense du pays, et sa position élevée au-dessus de la plaine du Gave lui donnait, dans les temps féodaux, une importance militaire qu'il perdit à mesure que les grands fiefs disparaissaient. Quand les souverains du Béarn abandonnèrent Orthez pour se fixer à Pau, devenu une ville importante, le château fut naturellement leur résidence, et sans se dépouiller entièrement de l'apparence guerrière, il s'agrandit et se développa sous les princes de la maison d'Albret, qui en firent leur séjour le plus ordinaire. Le 14 décembre 1553, Jeanne, fille d'Henri, roi de Navarre, y donnait le jour à cet autre Henri, que le Béarn s'énorgueillit justement d'avoir cédé à la France. On montre dans une des chambres une grosse écaille, qui fut, dit-on, le berceau du jeune prince. Les autres objets remarquables sur lesquels on appelle l'attention des visiteurs du château sont : le lit dans lequel mourut Henri IV, et celui où couchait Jeanne d'Albret; la statue de marbre blanc du vainqueur d'Ivry, datant de son règne; de magnifiques tentures des Gobelins; des tableaux en tapisserie représentant Henri auprès de Gabrielle, Henri chez Michaut, Henri devant Paris. Tous ces meubles splendides, ainsi qu'une foule d'autres appartenant au siècle de la Renaissance, ont été envoyés à Pau, durant le règne de Louis-Philippe. Ce prince avait entrepris avec ardeur et poursuivi avec succès la restauration de ce monument, berceau de sa famille. C'est à lui qu'on doit la belle galerie qui règne sur une des faces de l'édifice, et d'où la vue est si belle sur les montagnes et sur les riants coteaux de la vallée du Gave. On lui doit encore le pont de marbre si gracieux qui réunit le château à la Basse-Plante. La restauration intérieure fut poussée avec non moins d'activité; plusieurs parties du château, notamment l'appartement du roi, celui de la reine, et la chapelle, furent en quelque sorte renouvelées, avec une rare fidélité au goût du XVIe siècle et au caractère général du monument. On visite avec le plus vif intérêt l'immense salle à manger, restaurée aussi, et décorée de magnifiques bahuts et de curieuses pendules de la Renaissance.

Du château l'on passe au Parc, en traversant le pont de marbre dont nous parlions tout-à-l'heure, et la promenade de la Basse-Plante. Le Parc est formé de plusieurs allées ouvertes entre de magnifiques arbres, hêtres et chênes, qui forment partout des voûtes impénétrables à la chaleur. De ce mamelon, élevé seulement de quelques mètres au-dessus de la plaine, le coup-d'œil est magique : à vos pieds, le Gave, roulant sur son lit de caillloux reluisant au soleil; au premier plan, la ville royalement dominée par le château; puis, les pittoresques coteaux de Jurançon, célèbres par leur vin et parsemés de gracieuses villas; et enfin, terminant cet incomparable panorama, les Pyrénées radieuses de lumière, étincelantes de neige!

La ville, outre le château, peut offrir à la curiosité du voyageur un Palais de Justice de construction récente et d'un aspect assez monumental. De belles maisons, d'une architecture élégante, se sont élevées le long des rues qui aboutissent à cet édifice. Du reste, Pau, où, pendant six mois, s'établit une véritable colonie d'étrangers de toutes nations, où les Anglais dominent naturellement, ne laisse rien à désirer quant au confort des logements et du luxe des magasins; c'est une miniature de grande ville. L'air y est pur, et de larges et belles rues coupent la ville dans tous les sens; nous citerons en première ligne celle de la Préfecture, que l'on traverse en venant de Tarbes, et au bout de laquelle s'élève une fort belle halle, où des marchés abondamment pourvus se tiennent tous les matins ; celui du lundi est fort important et très fréquenté.

Pau, ancienne capitale d'un petit état, cité parlementaire après sa réunion à la France, ne devait pas être oublié dans l'organisation administrative et judiciaire qui suivit la révolution de 89. Aussi, en fit-on d'abord le siége de la préfecture des Basses-Pyrénées, et plus tard le siége d'une cour d'appel. Ville universitaire aussi, au temps du parlement de Navarre, Pau avait une bibliothèque assez considérable. Cette collection, notablement accrue de nos jours, compte environ vingt mille volumes. Il y a aussi quelques manuscrits intéressants; mais les plus curieux se trouvent aux archives départementales. Il en existe un catalogue fort exact, composé par M. Ferron, archiviste de la préfecture, sous le titre de : *Trésor des archives de Pau.* Enfin, comme il y a en France beaucoup de soldats, Pau a été doté d'une caserne, uniquement pour cette raison qu'il faut bien loger les défenseurs de la patrie. Cette caserne, ordinairement occupée par deux bataillons, est située sur la Haute-Plante, au-delà de la place Grammont entourée de maisons bâties sur un plan uniforme, et où l'on aboutit, en venant de la ville, par un pont jeté sur un ravin, où se tapit la basse ville, qui, vue ainsi d'en-haut, produit un effet fort étrange.

Les églises de Pau n'ont rien de remarquable, non

plus que le théâtre, situé sur la place dont nous parlions tout-à-l'heure. Il est question de le transporter sur la Place Royale, où il serait beaucoup plus central. Tout le monde y gagnerait, et la place aussi, où l'on regrette de ne pas trouver des édifices dignes de son incomparable perspective. L'érection du théâtre sur ce point serait le pendant de la magnifique création qui est en train de se réaliser, et qui consiste à mettre en communication directe la place et le château, au moyen d'une longue terrasse, dominant le Gave, et se déployant en face des coteaux de Jurançon. C'est là une amélioration grandiose qui fait le plus grand honneur à ceux qui l'ont conçue.

Le nom d'Henri IV n'est pas le seul dont Pau se glorifie; celui du maréchal de Gassion et celui de Bernadotte, qui régna sur la Suède, y sont aussi l'objet d'un juste et légitime orgueil; deux rues portent le nom de ces deux illustres enfants du Béarn, tous deux nés dans sa capitale.

Les étrangers sont parfaitement accueillis à Pau, et l'hospitalité béarnaise se montre à leur égard pleine des plus gracieuses prévenances. Les hôtels y sont nombreux et bien tenus. Nous citerons en première ligne celui de France sur la Place Royale, et celui de l'Europe, près de la halle. L'hôtel de la Dorade et celui de la Poste, le premier également près de la halle, et le second sur la place Grammont, sont aussi fort fréquentés et à juste titre. — Cafés élégants et bien dirigés : celui d'Henri IV, sur la

Place Royale; celui de la Comédie, attenant au théâtre.

EXCURSIONS.

Un grand nombre d'excursions, toutes charmantes, peuvent être faites dans les environs de Pau. Nous en indiquerons quelques-unes. D'abord une promenade à Bilhères, petit village à côté du parc, où Henri IV fut nourri; puis, une visite à Gélos, où se trouve un beau dépôt d'étalons; une course sur les coteaux de Jurançon, sans oublier en passant une mosaïque romaine récemment decouverte au milieu d'une prairie; enfin, une pointe sur Lescar, situé à sept kilomètres, ville fort ancienne, autrefois siége d'un évêché, qui fut supprimé à la révolution, et où l'on remarque la cathédrale, monument vénérable, où se trouvent les tombeaux des évêques. On visitera avec non moins d'intérêt Morlàas, avec sa vieille église de Sainte-Croix, Morlàas, qui fut avant Pau la capitale du Béarn. La jolie ville de Nay, la Mulhouse des Pyrénées, Coarraze et son château, Bétharram et son calvaire, sont autant de courses attrayantes où la curiosité du voyageur est défrayée, tantôt par la splendeur du paysage, tantôt par la tristesse ou la grandeur des souvenirs.

DE PAU AUX EAUX-CHAUDES. (*)

Plusieurs services de diligences partent de Pau, durant la saison thermale, pour les Eaux-Bonnes et pour les Eaux-Chaudes, et le trajet se fait en six heures. La route que l'on suit est pittoresque, et à chaque pas les sites varient : tantôt c'est la plaine avec son luxe de moissons, tantôt c'est la colline avec son luxe de vignes. En sortant de Pau, on traverse le Gave sur un pont de pierre de sept arches, et après avoir dépassé le village de Jurançon, on s'élève sur les coteaux du même nom, célèbres par leurs vins, et l'on rencontre bientôt le gros bourg de Gan, patrie de l'historien du Béarn, Pierre de Marca, un des plus profonds érudits de son siècle, et qui devint archevêque de Paris. Le château où naquit cet illustre Béarnais subsiste encore; la masse assez imposante de l'édifice surgit et se détache sur la gauche. Bientôt les collines se rapprochent, et la route serpente dans un vallon coupé de bancs calcaires. On atteint ainsi Rébénacq, dominé par le château de Bitaubé, le traducteur d'Homère. Rébénacq est le point de jonction des routes de Nay et d'Oloron. Non loin du village, s'élève une énorme masse de marbre gris; c'est le pic de

---

(*) On compte 43 kilomètres.

Rébénacq, à la base duquel jaillit en bouillonnant l'énorme source du Neiss. A partir de ce village, la route gravit les hauteurs qui forment la ligne de division des eaux entre le Gave de Pau et celui d'Oloron. Sur le sommet de cette chaîne, se montre Sévignac, situé à peu près à égale distance de Pau et des Eaux-Bonnes. De ce point se découvre, dans toute sa splendeur, le bassin d'Arudy, magnifique prolongement de la vallée d'Ossau. Le tableau est large et splendidement coloré; à vos pieds, le bourg d'Arudy, surmonté, vers le midi, d'une chapelle construite sur une butte calcaire; plus loin, Izeste, patrie des célèbres médecins Bordeu, couronné par des montagnes de marbre gris, où s'ouvre la belle grotte du même nom; enfin, au-delà du Gave, qui, comme fatigué de ses chutes dans les vallons supérieurs, décrit une longue courbe dans cette plaine heureuse, apparaît, avec ses jolies maisons blanches, le village de Louvie, précédé d'un pont de marbre. Vers le midi, la vallée d'Ossau, terminée par une étincelante décoration de montagnes, s'étrangle et forme un étroit couloir jusqu'au bassin de Laruns. Cinq kilomètres séparent Sévignac de Louvie. A partir de ce dernier village, où l'on traverse le Gave sur le pont que nous venons de signaler, les montagnes se rapprochent, et le paysage devient plus sévère. A peu de distance de Louvie, vous apercevez, niché en quelque sorte dans le feuillage, le hameau de Castet, et sur un des mamelons rocheux qui le dominent, les ruines de Castet-Jaloux, château-fort bâti par Gaston Phœbus, prince actif et guerroyant, qui reconstruisit ou restaura presque toutes les forteresses du Béarn. A une très faible distance de Castet-Jaloux, sur la route même, se présente le bourg de Bielle, ancien chef-lieu de la vallée d'Ossau. Les habitants sont très fiers de leur église, et surtout de quatre colonnes de marbre qui la soutiennent. S'il faut en croire une tradition locale, Henri IV, qui les admirait fort, aurait fini par les demander aux consuls de Bielle, qui lui auraient fait cette réponse ingénieuse et toute béarnaise : « Nos cœurs et nos biens sont à vous, usez-en à votre gré; quant aux colonnes, elles sont à Dieu, entendez-vous avec lui. » Cette réponse vaut mieux que les colonnes qui sont tout-à-fait médiocres. On peut visiter à Bielle une mosaïque romaine bien conservée, et le coffre de fer dans lequel étaient renfermés les *fors de la vallée,* c'est-à-dire les lois et les priviléges qui assuraient l'indépendance des Ossalais. Ces priviléges étaient grands et faisaient de la vallée d'Ossau une façon de république. Entre autres droits, les habitants du pays avaient celui d'être juges, en quelque sorte, de la légitimité des guerres entreprises par le vicomte de Béarn ; car ils n'étaient tenus, d'après leurs fors, de fournir des soldats à leur souverain, que lorsque celui-ci était venu leur exposer lui-même les motifs qu'il avait de faire la guerre. Si ces motifs ne leur paraissaient pas justes, les Ossalais refusaient tout à la fois hommes et argent. On voit par là que la liberté était ancienne dans ce pays. Passée dans les mœurs où elle était gravée encore plus profondément que dans les lois, elle fut défendue par ces braves montagnards avec une invincible obstination. Ce ne fut que bien tard, sous Louis XIV, que l'indépendance ossalaise périt, absorbée par le despotisme administratif. Mais *Quatre-vingt-neuf* n'était pas loin, et l'interrègne de la liberté dans ces montagnes ne fut pas de plus de cent ans.

Au-delà de Bielle, les montagnes rapprochent de plus en plus leurs angles, et la vallée n'est plus, à proprement parler, qu'une gorge jusqu'à l'entrée du bassin de Laruns, occupée par le bourg de ce nom. Cette localité n'offre de remarquable que son église, dont quelques parties sont fort anciennes, et où l'on remarque un bénitier d'un travail assez curieux.

Le bassin, peu étendu, est dominé de tous côtés par de hautes montagnes, au-dessus desquelles s'élève majestueusement le pic de Ger. On dirait d'abord que la vallée se termine à Laruns; on n'aperçoit aucune issue, et ce n'est qu'après avoir franchi un torrent pierreux et presque sans eau, que l'on voit deux gorges se dessiner tout-à-coup : l'une assez gracieuse, celle de gauche, conduit aux Eaux-Bonnes; l'autre, affreuse et dévastée, aboutit aux Eaux-Chaudes. Nous suivrons d'abord la seconde.

Il n'y a pas longtemps encore, la route s'élevait sur la montagne même du Hourat, qu'elle entaillait profondément pour déboucher, par un hideux couloir, au pied d'une chapelle consacrée à la Vierge, qui fut construite pour rappeler le voyage fait aux Eaux-Chaudes, en 1591, par la princesse Marguerite, sœur d'Henri IV. On y lit deux inscriptions, où les rochers, émus de la présence de l'illustre visiteuse, s'expriment avec la plus risible affectation. (*) Aujourd'hui, une route commode, taillée à grands frais dans la roche, serpente dans le fond du ravin, et au lieu d'aborder brusquement la montagne, s'élève par des pentes adoucies, et épargne aux voitures une ascension périlleuse; c'est un chef-d'œuvre qui fait le plus grand honneur à l'administration des ponts-et-chaussées.

La gorge des Eaux-Chaudes est magnifique d'horreur. Des montagnes affreusement escarpées, tantôt nues, tantôt couvertes d'épaisses touffes de buis, la bordent à droite et à gauche, tandis que dans le fond le Gave, roulant sur un lit de granit, fait entendre comme un râle profond et caverneux, seule voix de cette solitude funèbre. Enfin, les murailles rocheuses s'écartent un peu, et l'on aperçoit, collé en quelque sorte à la partie de gauche, le village des Eaux-Chaudes, composé d'une vingtaine de maisons, parmi lesquelles il y a deux hôtels, celui des Pyrénées et celui de Baudot, où l'on trouve tout le confort qu'on peut raisonnablement attendre dans une pareille solitude.

Les sources des Eaux-Chaudes, au nombre de quatre ou cinq, sont toutes sulfureuses et d'une thermalité qui varie de 25 à 36 degrés centigrades. Elle sont la propriété de la commune de Laruns,

(*) Voir pour la traduction de l'une de ces deux inscriptions *Les Pyrénées Illustrées,* chez les mêmes éditeurs.

qui les a réunies dans un bel établissement, construit à grands frais sur les bords du Gave, et où elles sont administrées en bains et en douches ascendantes et descendantes. Les Eaux-Chaudes, depuis longtemps connues, et plusieurs fois honorées de la présence des souverains et des souveraines du Béarn, n'ont pas été encore prises sous le patronage de la mode; elles ne sont guère fréquentées que par des Béarnais et par des Anglais, qui, excellents juges en fait de pittoresque, préfèrent ce site à celui des Eaux-Bonnes. Nous sommes de l'avis des Anglais. Sans doute, la première impression que l'on éprouve en face de cette nature austère, est triste, et l'on se sent le cœur serré de je ne sais quelle profonde et douloureuse angoisse. Mais insensiblement on finit par se familiariser avec cette nature sauvage. D'ailleurs, des aspects moins désolés vous attendent dans le bassin de Gabas, où l'on retrouve, à la base même des plus hautes montagnes, les grâces et comme les sourires des vallées qui touchent à la plaine.

PROMENADES DES EAUX-CHAUDES.

L'espace est très resserré à l'endroit où se trouvent les Eaux-Chaudes; aussi les promenades sont-elles peu nombreuses et très courtes. Nous citerons néanmoins une foule de sentiers qui s'élèvent, les uns en corniche sur le lit du Gave, les autres en écharpe sur les flancs des montagnes, et d'où l'œil plonge tantôt sur le cours accidenté du torrent, tantôt saisit quelques rapides échappées sur les montagnes du fond de la vallée. Telles sont les promenades d'Argout et Minvielle, qui ne conduisent pas les promeneurs à plus de quinze minutes du bourg. La visite que la plupart des étrangers font à la grotte des Eaux-Chaudes exige plus de temps; elle prend trois quarts d'heure pour l'aller, autant pour le retour, et quoique l'entrée de la grotte se trouve assez haut sur les flancs de la montagne de gauche, on y parvient sans trop d'effort et de fatigue. Un sentier assez raide, qui commence au bout du village, conduit jusqu'à cette grotte célèbre, connue indifféremment sous le nom de grotte des Eaux-Chaudes et de grotte d'Espalungue. Elle s'annonce magnifiquement par une ouverture de soixante pieds de hauteur et de quarante de largeur. Un torrent souterrain, qui mugit à une grande profondeur, la traverse dans toute son étendue, et s'enfonce, avec un bruit sinistre, dans un gouffre, où il se perd. Les visiteurs parcourent une grande partie de la grotte, longue d'environ soixante mètres, sur des planches jetées sur l'abîme, et au-dessous desquelles on entend le bruit lugubre des eaux. Jadis, la grotte d'Espalungue resplendissait de merveilleuses concrétions, qu'un inqualifiable vandalisme a fait disparaître. La nature, dans ses jeux bizarres, y avait reproduit toutes les formes de l'art, tous les ordres de l'architecture. Seule, une colonne a échappé par sa grandeur à cette dévastation; elle a deux pieds d'épaisseur sur dix de hauteur, et elle suffit à donner une idée de ce que devait être ce musée souterrain, avant les incroyables mutilations qui l'ont détruit, pour ainsi dire, pièce à pièce.

Le hameau de Goust, perché à une petite distance des Eaux-Chaudes, sur le rebord d'un gracieux plateau, est aussi le but d'une promenade pleine d'un véritable intérêt pittoresque. On suit pendant un kilomètre environ la grande route qui se dirige vers Gabas. Arrivé au pont d'Enfer, formé de pièces de bois hardiment jetées sur le torrent, qui gronde sourdement à plus de soixante pieds de profondeur, on rencontre, à côté d'un petit moulin, un sentier praticable aux chevaux. Ce sentier, par des pentes faciles et bien ménagées, conduit sans fatigue jusqu'au plateau de Goust, dont les rustiques habitations se trouvent éparpillées sur de riantes pelouses et protégées par des bouquets de verdure. Rien ne donne une idée de la paix et du bonheur champêtre comme cette gracieuse solitude, véritable oasis que le génie des montagnes semble avoir créée comme un contraste charmant, comme une compensation des horreurs dont il s'entoure, et des ruines qu'il se complaît à semer autour de lui.

EXCURSIONS.

Des Eaux-Chaudes aux Eaux-Bonnes, par la montagne.

Cette excursion, qui se fait plus commodément à pied qu'à cheval, est quelque peu fatigante, mais ne présente aucune difficulté sérieuse. On suit le sentier qui mène à la grotte d'Espalungue. Quand, après trois heures de marche environ, à travers des pelouses à pentes quelquefois fort raides, on atteint la crête de la montagne, on découvre à la fois les deux gorges des Eaux-Bonnes et des Eaux-Chaudes, venant toutes deux se confondre, avec leurs torrents, dans le large bassin de Laruns. A partir de ce dernier point, l'œil suit tous les méandres de la vallée d'Ossau jusqu'à la plaine d'Arudy, noyée dans une lumière éclatante. Plus loin, se dessinent les campagnes du Béarn et du Bigorre, jusqu'aux limites du Gers et des Landes. La vue sur les montagnes n'est pas moins splendide; on voit se dresser devant soi tous ces groupes de cimes pressées autour du Pic du Midi d'Ossau, qui les domine fièrement et les écrase, pour ainsi dire, de sa majesté sans rivale. La descente s'effectue jusqu'aux Eaux-Bonnes par un sentier assez semblable à celui qu'on a suivi pour l'ascension. La course entière ne prend pas moins de six heures; elle ne peut s'effectuer qu'avec un guide.

Des Eaux-Chaudes à Gabas.

Au sortir des Eaux-Chaudes la gorge s'élargit insensiblement, et ne tarde pas à former un bassin assez spacieux. La route, facile et bien entretenue, est praticable aux voitures. Elle se déploie sur la rive gauche, rasant tantôt des montagnes nues et excoriées, tantôt de superbes forêts de sapins, jadis exploitées pour le compte de la marine. Le hameau de Gabas se compose de sept ou huit maisons, dont la dernière sert de bureau à la douane et d'hospice ou de maison de refuge aux voyageurs qui montent vers les ports ou en descendent. Peu de sites ont un caractère plus grave et plus imposant que le bassin de Gabas, situé à la base du Pic du Midi d'Ossau, et dominé par les magnifiques rochers de Pombie. La noire verdure des sapins, tranchant sur le vert tendre des prairies, solennise le paysage et le rend encore plus sévère et plus majestueux. On visite à deux kilomètres environ une belle carrière de marbre blanc. L'excursion de Gabas, que nul touriste ne peut se dispenser de faire, n'exige pas plus de trois heures, aller et retour compris. Elle se fait très bien en voiture.

La Case de Brousset.

Deux gorges, celle de Brousset à gauche, celle de Bious à droite, descendent à Gabas, où elles se réunissent, et c'est de leur jonction que résulte ce dernier bassin, au-delà duquel il n'y a plus d'habitations groupées. Après avoir remonté la première pendant trois heures, à partir de Gabas, on arrive, par un sentier toujours praticable aux chevaux, à un édifice anciennement établi par la commune de Laruns pour donner asile aux bergers et recueillir les voyageurs qui traversent les ports voisins d'Anéou et de l'Arrious, versant tous deux en Espagne. Cette course, qui offre partout le plus vif intérêt pittoresque, demande environ neuf heures pour l'aller et le retour. Elle peut se faire toute entière à cheval.

Le Val de Bious. — Le Col des Moines.

La gorge de Bious, qui s'enroule comme celle de Brousset autour du Pic du Midi d'Ossau, remonte vers la droite. Elle est d'un accès plus difficile que la précédente, et le port ou passage qui la termine, et qu'on nomme le Col des Moines, est beaucoup moins fréquenté que ceux d'Anéou ou de l'Arrious. Comme ces derniers, il verse dans la vallée de Tena. Non loin de ce port, on rencontre un lac du même nom. On peut de là descendre dans la vallée d'Aspe. Si c'est par cette vallée que s'effectue le retour, la course est de deux journées; d'une seule, si l'on revient aux Eaux-Chaudes par le chemin que l'on a suivi pour l'ascension.

Le Lac d'Aule.

Une fois parvenu au plateau de Bious, couronné de magnifiques forêts de sapins, on abandonne ses chevaux, et l'on gravit à pied, sous la conduite d'un montagnard, des escarpements fort raides, et l'on atteint, non sans effort, le vaste cirque de Bious-Vermiettes, emplacement d'un lac aujourd'hui desséché, et dominé par des cimes affreusement ruineuses, mais dont la base est occupée par des forêts vierges encore de la cognée du bûcheron. Là se présente, sur la droite, une gorge qui, à travers des éboulements rocheux, conduit jusqu'au lac d'Aule. Là toute végétation cesse et, pour ainsi dire, toute vie. On est sur la crête des Pyrénées, et l'œil embrasse les montagnes les plus élevées de la chaîne, et il plonge au midi sur quelques-unes des vallées espagnoles. Cette course, très longue, très fatigante, exige au moins quatorze heures, et ne peut guère être entreprise que dans les mois de juillet et d'août.

Le Roumiga.

Le Roumiga, montagne moitié française, moitié espagnole, se trouve au-delà du port d'Anéou. On se dirige vers la Case de Brousset, et après avoir franchi le port, on opère l'ascension par le versant méridional. Le point de vue n'a rien de très remarquable. Mais l'entomologiste et le botaniste peuvent faire au Roumiga d'intéressantes découvertes, et c'est à ces derniers que nous recommandons cette excursion, qui ne peut être aisément effectuée en une journée.

Lacs de l'Ours et d'Assouste.

Un quart d'heure avant d'arriver à Gabas, la vallée s'infléchit brusquement vers la droite. Sur ce point, un vallon, descendant des hauteurs de gauche, verse ses eaux dans le gave de Gabas. Ces eaux proviennent de deux lacs supérieurs situés au pied d'une montagne appelée *Som de Seoübe*, et dont la hauteur dépasse peut-être celle du Pic du Midi d'Ossau. Cette course, surtout si l'on revient par les Eaux-Bonnes, en traversant les pâturages de Soussoueou, nécessite un guide sûr; elle prend treize heures au moins, et ne peut être faite qu'à pied, à partir de l'endroit où l'on abandonne la route de Gabas.

Pic du Midi d'Ossau.

Le Pic du Midi d'Ossau s'élève majestueusement au-dessus de Gabas. Comme nous l'avons dit, deux vallons, celui de Bious et celui de Brousset, ceignent pour ainsi dire cette montagne longtemps réputée inaccessible, et dont la première ascension fut tentée, vers le milieu du seizième siècle, par un seigneur de Candale. On suit ordinairement le sentier de Bious, que l'on abandonne bientôt pour en prendre un autre qui se dirige vers la droite. On ne tarde pas à rencontrer la masse même de la montagne, formée d'un granit glissant. C'est là que sont toutes les difficultés de la course, difficultés longtemps réputées insurmontables, mais dont aujourd'hui l'on triomphe sans danger, mais non sans fatigue. Il suffit d'avoir

le pied sûr et la tête solide, et d'être dirigé par
de bons guides. Trois heures, à partir de l'endroit
où l'on quitte le sentier de Bious, sont nécessaires
pour arriver au sommet de la montagne. De la cime,
affreusement dévastée, on plonge, pour ainsi dire,
perpendiculairement sur les gorges de Brousset et
de Bious, et sur le vallon de Magne-Baig, que le pic
domine et protége de sa masse gigantesque. La vue
s'étend sur un chaos de crêtes étagées confusément
les unes au-dessus des autres, sur toute la vallée
d'Ossau qui se déploie tout entière, enfin sur tous
les coteaux et toutes les plaines du Béarn et de la
Gascogne. On distingue aisément tous les grands
sommets des Pyrénées, la Maladetta, le Marboré, le
Mont-Perdu, le Pic du Midi de Bigorre. Quelques
étrangers accomplissent tous les ans cette ascension,
la plus intéressante, sans contredit, qu'on puisse
faire dans les Basses-Pyrénées. Elle demande, pour
l'aller et le retour, quinze heures de marche en
passant par le sentier de Bious, dix-sept en passant
par celui de Brousset. On peut en diminuer la fatigue et la durée, en allant coucher, soit à Gabas,
soit même à la Case de Brousset.

VALLÉE D'ASPE.

On peut, par plusieurs cols, passer des Eaux-Chaudes dans la vallée d'Aspe, séparée de celle
d'Ossau par un épais contrefort. Nous avons déjà
indiqué le col des Moines, par lequel on descend

au fond même de la vallée d'Aspe. On peut encore y aboutir en suivant pendant quelque temps le chemin de Gabas, que l'on abandonne pour prendre à droite celui de Sesque et de Gazie, qui vous mène, sans trop de fatigue, à travers de féconds pâturages, dans la plus fertile et la plus spacieuse vallée des Basses-Pyrénées. Enfin, dans la partie inférieure de la vallée d'Ossau, le contrefort plus déprimé offre un passage encore plus facile. On descend jusqu'au bourg de Bielle, d'où l'on gagne Bilhères. De ce dernier village, on se dirige vers le plateau de Marie-Blanque, d'où l'on aboutit aisément au village d'Escot. L'excursion dans la vallée d'Aspe, soit qu'on l'entreprenne par le chemin de Sesque et de Gazie, soit par Bielle et Bilhères, peut être faite, le retour compris, dans une seule journée. Par le col des Moines, elle exige nécessairement deux jours.

Bains de Panticosa.

Cette localité thermale est située de l'autre côté de la chaîne, dans la vallée espagnole de Tena, où l'on aboutit par le port d'Anéou. Une fois sur la crête des Pyrénées, on descend par des pentes encore plus raides que celles qu'on a suivies en montant, jusqu'au bourg de Salient, d'où l'on gagne, par un chemin plus facile, l'établissement de Panticosa, situé au haut d'une montagne, et fréquenté par des Espagnols venus de toutes les parties de l'Aragon. Les sources sont assez bien emménagées, et à l'édifice thermal est annexé un hôtel où l'on n'a pas trop à se plaindre, assure-t-on, de l'hospitalité espagnole. Un beau lac, ressource précieuse pour l'agrément et l'alimentation des hôtes de Panticosa, étale tout près sa belle nappe azurée. Et puis enfin Panticosa, c'est l'Espagne. La course demande au moins deux journées, et, quoique faite à cheval, elle ne laisse pas d'être fatigante. De Panticosa on peut, en moins de sept heures, gagner Cauterets par le port du Marcadaou.

EAUX-BONNES.

Deux voies conduisent des Eaux-Chaudes aux Eaux-Bonnes. Une première, déjà indiquée, franchit la montagne; la seconde ramène le voyageur dans le bassin de Laruns, à l'endroit où les deux gorges, l'une descendant des Eaux-Chaudes, l'autre des Eaux-Bonnes, se réunissent et confondent leurs gaves. De ce point jusqu'aux Eaux-Bonnes il y a quatre kilomètres environ. Après avoir franchi sur un pont de pierre le torrent de Gabas, la route s'élève au-dessus du Valentin, qui coule sous d'épais ombrages, laissant à gauche, au milieu des prairies, le château d'Espalungue. Bientôt se montrent, suspendus sur les hauteurs, les villages d'Assouste et d'Aas. C'est de cette dernière commune que dépendent les Eaux-Bonnes. Le chemin, taillé dans la montagne de droite, monte tortueusement, et, à chaque repli, le voyageur s'impatiente de ne pas voir encore les Eaux-Bonnes. Enfin, à un dernier détour, les premières maisons du bourg se montrent tout-à-coup, et l'apparition de ces façades élégantes dans ce site agreste fait naître, surtout chez les artistes, je ne sais quel sentiment qui n'est pas tout-à-fait à l'avantage du bourg et de ceux qui l'ont bâti.

Les Eaux-Bonnes ne forment qu'une rue où l'on compte plusieurs hôtels, dont quelques-uns ont des prétentions à l'architecture, et un grand nombre de fort belles maisons. Chaque année, de nouvelles constructions s'élèvent, car les Eaux-Bonnes sont à la mode, et lors même qu'on n'éprouve pas le besoin de faire usage des eaux, il est de bon ton de venir se confiner un ou deux mois dans cette coquette solitude. Au reste, la vogue des Eaux-Bonnes est toute récente. Longtemps la réputation de ces sources, aujourd'hui connues dans le monde entier, fut circonscrite dans un cercle bien étroit. Comme les Eaux-Chaudes, elles n'étaient guère fréquentées que par les gens du pays. Néanmoins les souverains du Béarn y transportaient leur cour, et, tant bien que mal, se logeaient avec leur suite sous de misérables abris de planches. Henri II, roi de Navarre, ainsi qu'un grand nombre de Béarnais atteints à Pavie, vinrent y chercher la guérison de leurs blessures; et c'est alors que ces sources reçurent le nom significatif d'*Eaux d'Arquebusade*. Deux cents ans plus tard, le célèbre Bordeu, né dans ces montagnes mêmes, à Izeste, recommanda les sources des Eaux-Bonnes dans les maladies des voies respiratoires. Mais les Eaux-Bonnes restaient isolées faute de routes. Un homme d'une rare intelligence et d'une rare vigueur, l'intendant d'Etigny, entreprit de créer cette voie de communication qui devait faire la fortune du pays. Il triompha de la plupart des obstacles à force de persévérance. Néanmoins, la route ne fut entièrement achevée que sous l'Empire. A cette époque, où la victoire faisait autant de mutilés qu'en d'autres temps en avait pu produire la défaite, les blessés de ces grandes luttes venaient demander aux Eaux-Bonnes, comme à Barèges, la guérison ou le soulagement de leurs maux. Ce fut à la paix seulement que la nouvelle spécialité assignée par Bordeu aux *Eaux d'Arquebusade*, fut soumise au contrôle des faits et de l'expérience. Les résultats obtenus furent satisfaisants, et depuis ce moment les Eaux-Bonnes reçurent de nombreux malades qui venaient puiser à leurs sources proclamées spéciales pour les affections de poitrine, quelques-uns la guérison, les autres des adoucissements à leurs souffrances. En même temps, de puissants patronages s'attachèrent au nouveau bourg thermal. Un préfet, M. de Castellane, concourut activement, par les moyens administratifs, à son développement et à sa prospérité. Des particuliers suivirent cet exemple, et chacun à l'envi dota cette élégante station thermale d'une promenade ou d'un embellissement. Parmi les protecteurs les plus généreux des Eaux-Bonnes, on cite les noms célèbres à divers titres de M. le général Jacqueminot, de M. de Gramont, de M. Moreau surtout, qui étendit ses bienfaits à toute la vallée d'Ossau.

Les sources des Eaux-Bonnes sont toutes sulfureuses; elles sont au nombre de cinq, dont trois seulement sont utilisées dans l'établissement thermal, maigre édifice qui ne compte qu'un très petit nombre de baignoires; car, beaucoup moins actives que celles de Barèges, les eaux dont il s'agit ne s'administrent guère qu'en boisson. Les bains ne sont prescrits qu'assez rarement. C'est donc la buvette qui attire surtout les malades à Bonnes. Durant le mois de juillet, elle est littéralement assiégée, et ce n'est pas sans effort qu'on obtient, surtout dans la matinée, le bienheureux verre d'eau. Les personnes qui font usage de la buvette sont obligées de prendre un abonnement, dont le prix est de deux francs pour les domestiques et les journaliers, de dix francs pour les autres personnes, quelle que soit d'ailleurs la durée du séjour. Le prix des bains varie suivant l'époque de l'année; il est, pour les malades appartenant aux classes aisées, de 1 fr. depuis le 1er juin jusqu'au 1er septembre, et pendant le reste de l'année de 80 centimes. Les eaux de la buvette se transportent sans que leurs principes constitutifs soient altérés. Aussi s'en emporte-t-il chaque année un nombre considérable de bouteilles.

Les Eaux-Bonnes, quoique fréquentées par de nombreux étrangers, n'ont point, en raison des malades spéciaux qui s'y donnent rendez-vous, cet aspect animé de la plupart des autres localités de bains.

La vie thermale y est peu bruyante, ce qui n'empêche pas néanmoins que l'on trouve à Bonnes de charmantes distractions; les artistes parisiens y suivent la foule élégante, et les salles de réunion de l'hôtel de France, de l'hôtel des Princes, de l'hôtel d'Orient groupent, soit pour applaudir un talent connu, soit simplement pour la danse ou la causerie, une société toute parfumée de grâce et d'élégance. Nulle autre part, il n'y a moins de ces mélanges qui sont inévitables dans la plupart des stations thermales.

Les Eaux-Bonnes, comme nous l'avons déjà dit, possèdent un grand nombre d'hôtels fort vastes et de belles maisons particulières. Les hôtels sont au nombre de dix; ils sont généralement bien tenus, et le service s'y fait avec un soin et une régularité qui laissent fort peu à désirer. Nous en donnons la liste complète par ordre alphabétique : hôtel des Ambassadeurs, hôtel Bleu, hôtel Bonnecaze, hôtel de l'Europe, hôtel des Etrangers, hôtel de France, hôtel d'Orient, hôtel de la Paix, hôtel du petit Paris.

PROMENADES DES EAUX-BONNES.

La gorge des Eaux-Bonnes, beaucoup moins resserrée que celle des Eaux-Chaudes, a permis de tracer sur les pentes moins abruptes des montagnes et sur les flancs du contrefort qui sépare les deux vallées une foule de chemins et de sentiers conduisant à de pittoresques solitudes ou à de larges points de vue. La première promenade qui se présente, c'est le jardin anglais situé au milieu même du village et ombragé de vieux hêtres et de jeunes tilleuls. Du jardin anglais on passe sur la promenade horizontale, qui ne dément point son nom, elle se déploie sinueusement sur le flanc des hauteurs de la rive gauche, qu'elle contourne avec grâce dans l'espace de plus de deux kilomètres. Elle domine d'abord la vallée tout entière des Eaux-Bonnes, puis le bassin même de Laruns. Il est à regretter qu'elle ne se prolonge pas, selon le projet primitif, jusqu'aux Eaux-Chaudes, et qu'elle ne relie pas deux localités que tant d'intérêts unissent et qu'on ne saurait trop vite rapprocher l'une de l'autre. Ainsi continuée, la promenade horizontale serait sans contredit la plus belle des Pyrénées.

Du jardin anglais part encore, dans une direction presqu'opposée à celle de la promenade horizontale, un sentier sinueux qui s'élève capricieusement sur les dernières pentes de la montagne de Gourzy, couverte d'une riche végétation forestière. Là se dressent, parmi d'épais massifs de buis, de superbes hêtres, dont les troncs ont atteint une grosseur prodigieuse. Le sentier serpente longtemps sur la montagne, tantôt à travers des bruyères, tantôt parmi les rochers, jusqu'à ce qu'un large horizon se découvre au regard du côté du nord, et un splendide amphithéâtre au-dessus de vos têtes. D'un coté, c'est la vallée d'Ossau; de l'autre la cime du pic de Ger, couronnée de ses neiges éternelles. Cette promenade porte le nom de promenade Gramont.

La promenade Eynard, ouverte sur des pentes qui conduisent à la belle cascade du Valentin, a un caractère tout différent; elle n'emprunte rien à la perspective et tire tout d'elle-même, c'est-à-dire des bois touffus qui l'ombragent, et des belles eaux qui l'animent.

La *Montagne Verte,* située de l'autre côté du Valentin, est ainsi nommée à cause des riantes pelouses et des fraîches prairies qui descendent de sa cime jusqu'aux bords du torrent. De nombreux ruisseaux, courant dans toutes les directions, entretiennent sur ces pentes gazonnées une verdure qui résiste aux jours brûlants de l'été, et qui ne peut être flétrie que par les neiges et les frimats de l'hiver. La *Montagne Verte,* cette heureuse conquête de l'industrie et de la patience de l'homme, est couronnée par la Penne de Lassive, superbe entassement de rocs arides, suspendus comme une menace sur les frêles habitations qui s'étagent le long de cette verdoyante croupe.

La butte du Trésor, la grotte Castellane, la promenade Jacqueminot sont aussi le but de courtes mais charmantes excursions. Chacun de ces sites témoigne à sa façon qu'aux Eaux-Bonnes on sait tirer parti de tout, et qu'on ne néglige rien de ce qui peut prêter un attrait de plus à un séjour où l'art avait tant à faire, et où il a trop fait peut-être. Mais ce qui abonde aux environs des Eaux-Bonnes, ce sont les cascades. Le Valentin les prodigue à chaque pas, au point d'en devenir presque fatigant.

La première qui se présente est à dix minutes au plus des Eaux-Bonnes. Elle se trouve sur la gauche du chemin qui conduit au pont d'Aas. On la contemple d'abord d'un rocher qui la domine, puis d'un autre plus favorablement situé, et d'où cette imposante chute d'eau se montre dans tout son éclat et toute sa grandeur. A côté de cette dernière station s'ouvre la charmante grotte Castellane, visitée par tous les amateurs des merveilles souterraines.

En remontant le cours du Valentin, et en suivant un sentier fréquemment dégradé par les avalanches et les pluies du printemps, on rencontre, à une demi-heure du bourg des Eaux-Bonnes, la cascade du pont de Disco, plus pittoresque et plus sauvage que la première. On descend sur le bord du torrent, un peu au-dessous du pont, dont l'arche sombre, à certaines heures de la journée, se dessine sur la colonne d'écume qui bondit devant vous.

La cascade du Gros Hêtre, encore plus éloignée, est à une heure environ des Eaux-Bonnes. Elle est perdue dans une épaisse masse de verdure, et pour la trouver, il faut nécessairement un guide. Quand on est parvenu sur le bord du torrent, on découvre comme une trombe d'eau qui, tombant d'une hauteur de plus de soixante-dix mètres, se précipite dans un abîme étroit, où elle se brise avec toute sortes d'accidents de lumière et de bruit.

A une heure du Gros Hêtre, à deux des Eaux-Bonnes, presqu'en face du col de Torte, dont l'échancrure se dessine à plus de huit cents mètres de hauteur, une autre chute d'eau, celle de Larressecq, s'engouffre, comme la précédente, dans un abîme où elle mugit sourdement. Ce point du vallon se recommande par une foule d'aspects et de sites divers; plusieurs gorges y aboutissent, et toutes ont leur caractère propre et leur attrait particulier. Nous citerons entr'autres celle qui s'ouvre non loin du pont de Sandis, et où la grâce sauvage sourit à côté des plus majestueuses horreurs de la montagne.

EXCURSIONS.

Le Plateau de Gourzy.

Le chemin qui conduit à ce plateau est bien plus facile que celui qui, partant des Eaux-Chaudes, aboutit au même point. Les rampes gracieuses de la promenade Jacqueminot qui s'élèvent sur les pentes de la forêt d'Assouste, conduisent presque sans fatigue jusque dans le voisinage de ce pâturage fréquenté dans la belle saison par les bergers qui mènent leurs troupeaux d'un flanc à l'autre de la montagne, et par les touristes qui passent des Eaux-Bonnes aux Eaux-Chaudes, et *vice versâ*. Quatre heures suffisent à cette charmante excursion qui donne une idée de la haute montagne, en même temps qu'elle vous fournit l'occasion d'admirer une fois de plus, et dans une vue d'ensemble, cette magnifique vallée d'Ossau.

Le Pic de Ger.

Le Pic de Ger, élevé de 2612 mètres au-dessus du niveau de l'Océan, se dresse, pour ainsi dire, au-dessus des Eaux-Bonnes, et domine fièrement tout le groupe des montagnes qui forment le fond de la gorge. Le défilé par lequel on aborde cette montagne, s'ouvre au sud-est; le sentier est assez longtemps praticable aux chevaux, mais les pentes deviennent de plus en plus raides en même temps que le sentier s'efface. Cette dernière partie de la course doit donc être faite à pied. Quoiqu'elle soit absolument sans danger, cette excursion ne laisse pas d'être fatigante. Un guide est indispensable. Du haut du pic le regard voit se déployer à droite et à gauche la ligne splendide des Pyrénées, tandis qu'en face il s'épouvante et s'éblouit des abîmes du pic d'Ossau et de ses neiges éternelles. L'ascension au pic de Ger se fait en six heures; le retour n'en prend que quatre.

Des Eaux-Bonnes aux Eaux-Chaudes par la montagne.

(Voir plus haut, *page 88,* l'excursion au plateau de Gourzy et les renseignements donnés à l'article Eaux-Chaudes, à propos du passage de cette dernière localité dans la gorge des Eaux-Bonnes.)

Le Col de Torte.

Pour se rendre à ce passage, élevé de près de 2000 mètres au-dessus de l'Océan, par lequel le val des Eaux-Bonnes communique avec celui d'Azun, le voyageur remonte le cours supérieur du Valentin jusqu'auprès de la cascade de Larressecq, à travers un vallon revêtu de sapins et de hêtres, et coupé çà et là de fraîches prairies, qui de jour en jour empiètent davantage sur la forêt. De riantes éclaircies et de vives échappées se montrent de loin en loin, et c'est presqu'à regret que, deux heures après avoir quitté les Eaux-Bonnes, on aborde les premiers escarpements du col, où le sentier, d'abord facile, ne tarde pas à devenir fort raide, surtout dans le voisinage du sommet de la montagne. Là il est prudent de mettre pied à terre. On le doit d'ailleurs pour contempler commodément le vaste horizon et le beau panorama de montagnes qui se déploient devant vous, et attirent tour-à-tour vos regards, que l'un charme et que l'autre fascine. Durée de la course entière, six heures et demie.

Des Eaux-Bonnes à Cauterets par le Col de Torte et la vallée d'Azun.

Voir après le court chapitre que nous consacrons aux autres établissements thermaux et aux bains de mer des Basses-Pyrénées, les détails sur cette intéressante course, qui exige, aller et retour, deux bonnes journées de marche; elle se fait à cheval.

Le Lac d'Assouste.

Cette course est pénible, et le tiers seulement du chemin peut être fait à cheval, le reste doit se faire à pied; car après deux heures et demie de marche environ, les talus deviennent de plus en plus raides, et ce n'est pas sans effort que l'on parvient jusqu'au vallon où le lac déploie sa longue nappe verte. Le retour peut s'effectuer par les Eaux-Chaudes. Dans ce cas, la durée de la course, qui est de quatorze heures en suivant pour le retour le même chemin que pour l'aller, sera augmentée de deux heures tout au moins. (Voir l'article *Eaux-Chaudes*, p. 92.)

Pic du Midi d'Ossau.

(Voir l'article *Eaux-Chaudes*, p. 92.) Si l'on part des Eaux-Bonnes, il est à peu près impossible d'accomplir cette course, d'ailleurs très pénible, en une seule journée. Dans ce cas, nous conseillons à ceux qui veulent tenter cette ascension, de partir la veille, dans l'après-midi, et d'aller coucher à Gabas.

Excursion dans la partie inférieure de la Vallée d'Ossau.

Les personnes qui redoutent les fatigues de la haute montagne peuvent, soit à cheval, soit en voiture, faire une foule d'excursions pleines d'attrait dans une foule de villages de la vallée d'Ossau. Nous recommanderons surtout une promenade à Izeste, patrie des célèbres médecins Bordeu, où l'on peut visiter, en se munissant de torches prises au village, la belle grotte qui s'enfonce dans les flancs d'une montagne de marbre. Les mosaïques de Bielle, quelques pierres druidiques qui se trouvent dans les environs d'Arudy offriront à l'archéologue d'intéressants sujets d'études et de recherches. Enfin, le Benou et le plateau de Marie-Blanque attireront tous ceux qui préfèrent aux rudes beautés de la montagne le calme d'une nature tempérée et le charme d'un paysage à la fois riant et splendide.

Du reste, toutes les autres excursions que nous avons indiquées à l'article *Eaux-Chaudes*, celle de la grotte d'Espalungue, du hameau de Goust, de Gabas, de la Case de Brousset, de la gorge de Bious, du col des Moines, de la vallée d'Aspe, de Panticosa, sont communes aux Eaux-Bonnes. Le temps qu'elles exigent doit seulement être augmenté d'une heure environ; car il ne faut pas davantage pour se rendre, à cheval ou en voiture, des Eaux-Bonnes aux Eaux-Chaudes. Pour la même raison, et avec la même addition de temps, les courses de Bonnes pourront être faites par les baigneurs qui stationnent dans l'autre localité; il y a, comme on le voit, solidarité de plaisir et d'intérêt entre les deux sœurs thermales de la vallée d'Ossau.

TABLEAU DES SOURCES DES EAUX-CHAUDES.

NOMS DES SOURCES.	TEMPÉRATURE centigrade	Sulfure de sodium (le litre.)
Le Clot............	à la source. 36°40 au bain.... 35	0 g. 0007718
L'Esquirette chaude	à la source. 35 au bain.... 34,30	0 g. 0005582
— tempérée	à la source. 31,50	idem.
Le Rey............	à la source. 34 au bain.... 33,40	0,0005672
Baudot............	 27	0,0006582
Larressecq........	 25,10	0,0006129
Minvielle..........	 11	0,0000005

TARIF DES BAINS ET DE LA BUVETTE.

Bains. — Pris de 7 à 9 heures du matin, 1 fr. sans distinction de personnes.

    Pendant le reste de la journée :

        Pour les ouvriers .... 0 fr. 25 c.
        Pour les artisans et laboureurs... » 50
        Pour toutes autres personnes .... 1 »

Bains de pied. — Pris immédiatement après
    le bain..................... 0 fr. 10 c.
    Pris isolément à l'établissement... » 20
    Pris hors de l'établissement ...... » 15

Bains de vapeur. — Y compris le lit... 2 fr. »
                Sans le lit.......... 1 »

Bains dans la Piscine. — Isolément... 3 fr. »
            Aux heures ordinaires ... » 20

Boisson gratuite à toutes les sources.

Douches. — 50 et 25 cent., suivant les personnes.

TABLEAU DES SOURCES DES EAUX-BONNES.

NOMS DES SOURCES.	TEMPÉRATURE centigrade.	Sulfure de sodium (le litre.)
La Vieille................	33,80	0,0251
La Source d'en bas........	32,50	0,0251
La Nouvelle..............	31,30	0,0195
La Source froide..........	13, »	0,0245
La Source d'Ortech........	24,75	0,0180

TARIF DES BAINS ET DE LA BUVETTE.

Le médecin inspecteur et le médecin inspecteur-adjoint dirigent le service de l'établissement. Le tarif des bains et des douches est fixé ainsi qu'il suit :

Bains. — Du 1er juin au 1er septembre .... 1 fr. »
Pendant le reste de l'année.............. » 80 c.
(Le prix du linge n'est pas compris dans ce tarif.)

Pour les domestiques et journaliers, le prix des bains est, par exception, réglé ainsi :

Du 1er mai au 1er novembre.................... 0 fr. 50 c.
Du 1er novembre au 1er mai.................... 0 30

Bains de pied. — 10 centimes.

Boissons. — Abonnement à la saison :
Pour les domestiques et journaliers.............. 2 fr. »
Pour les personnes de toute autre classe .... 10 »

Le prix des bains et des boissons se paie d'avance entre les mains du fermier ou d'un de ses agents, dont le bureau est situé à l'établissement.

Etablissements Secondaires des Basses-Pyrénées.

SAINT-CHRISTAU.

Les Eaux-Bonnes et les Eaux-Chaudes sont sans contredit les établissements thermaux les plus importants des Basses-Pyrénées. Il en est d'autres cependant qui, placés dans des conditions d'infériorité relatives, ne laissent pas cependant de jouir d'une réputation et d'une vogue méritées. Nous citerons parmi ces derniers Saint-Christau qui, depuis quelques années, a pris un développement assez considérable, et qui, grâces à d'utiles améliorations réalisées avec intelligence, a notablement étendu sa clientèle, jadis uniquement composée d'habitants du pays.

Saint-Christau est situé dans la belle et fertile vallée d'Aspe, parallèle à celle d'Ossau, et qui, comme cette dernière, vient déboucher à Oloron avec son gave. De Pau à Oloron il y a trente-deux kilomètres, que l'on parcourt dans trois heures environ. Plusieurs diligences font le service entre ces deux villes. Oloron est remarquable par sa situation pittoresque au confluent des gaves d'Ossau et d'Aspe; il n'est séparé que par le gave de la petite ville de Sainte-Marie, où l'on peut visiter la vieille église, où le roman et le gothique se rencontrent et se heurtent. D'Oloron à Saint-Christau il y a huit kilomètres, que l'on parcourt aussi en diligence. Les bains de Saint-Christau se trouvent à peu de distance de la commune de Lurbe, dans un délicieux vallon. Ils sont alimentés par plusieurs sources, toutes froides, à l'exception d'une seule qui est tiède. Elles sont administrées en bains et en boissons, et diffèrent de principes minéralisateurs. Elles sont au nombre de quatre et paraissent convenablement emménagées. Les établissements où elles sont recueillies sont propres et bien tenus.

Tarif : Bain, 1 fr.; — douche, 1 fr. 25 cent.; — boisson, 4 fr. pour toute la durée du séjour.

Hôtels : Celui de la Poste, celui du Grand Turc, celui du Grand Mogol. — Logements assez chers. — Nourriture à meilleur marché.

EXCURSIONS.

On peut faire de Saint-Christau, soit sur les montagnes qui avoisinent la vallée d'Aspe, soit dans la vallée elle-même, soit enfin dans les vallées voisines, une foule d'excursions intéressantes. Nous citerons entre autres : une ascension au mont Binet, deux heures pour l'aller, une pour le retour; une course à Bielle, à travers le contrefort qui sépare la vallée d'Aspe de celle d'Ossau, deux heures pour aller, autant pour revenir; une visite à la vallée de Barétous, en passant par Agnos et Aramits, et en revenant par la grande route, une demi-journée à cheval pour tout le trajet; une tournée générale dans la vallée d'Aspe, non-seulement remarquable par ses grands aspects, mais encore par les souvenirs historiques qui s'attachent à plusieurs de ses villages, tels que Sarrance, qui vit se prosterner Louis XI aux pieds de sa Madone; Accous, où s'élève une colonne consacrée à Despourrins, enfant de cette vallée, et le plus doux et le plus mélodieux des poètes pyrénéens; Lescun, où cinq ou six cents montagnards défirent, en 1794, six mille Espagnols qui avaient franchi la frontière; enfin Urdos, dernier village de France, où un fort de construction récente protége la vallée contre les envahisseurs, et d'où l'on peut facilement, à cheval ou à dos de mulet, gagner Jaca; deux ou trois jours suffisent à cette tournée.

On peut encore de Saint-Christau aboutir dans le pays Basque, en traversant la vallée de Barétous, et visiter Tardets, Mauléon et Saint-Jean-Pied-de-Port, ancienne capitale de la basse Navarre. Cette excursion peut se prolonger jusqu'à la vallée de Roncevaux, en Espagne. Dans ce dernier cas, elle exige au moins quatre jours.

—

CAMBO.

Cette localité thermale se trouve à vingt kilomètres de Bayonne sur les bords de la Nive, qui traverse cette dernière ville et où elle vient se confondre avec l'Adour. De Pau à Bayonne il y a 105 kilomètres, distance que les diligences (deux services, l'un le matin, l'autre le soir) franchissent en moins de dix heures. Bayonne, singulièrement embelli depuis quelques années, est une des plus gracieuses villes du sud-ouest de la France. Elle mérite un séjour d'une journée tout au moins pour visiter son église gothique splendidement restaurée; sa citadelle, œuvre de Vauban, bâtie de l'autre côté de l'Adour, sur une éminence qui domine le Saint-Esprit; son beau pont jeté si hardiment sur le fleuve; ses Allées Marines, qui chaque jour se prolongent davantage, et finiront bientôt par aboutir à l'Océan; enfin l'embouchure de l'Adour et la barre éternellement mobile qui en rend l'entrée et la sortie si périlleuses.

Des diligences partent tous les jours de Bayonne et transportent dans deux heures les voyageurs jusqu'au village de Cambo, situé au cœur du pays Basque. Cambo, dont les eaux jouissent d'une réputation fort ancienne, possède deux sources, l'une sulfureuse, administrée en bains, et dont on élève artificiellement la température, qui n'est que de 22° centigrades; l'autre ferrugineuse, de 16° centigrades, et qui ne s'utilise qu'en boisson. L'une et l'autre coulent dans un établissement de construction récente qui renferme onze cabinets, dont deux à double baignoire.

Les bains de Cambo sont assez fréquentés, et l'on y trouve plusieurs hôtels ou restaurants qui portent tous les noms de leurs propriétaires. Il y a aussi des pâtissiers, des cafés et un cabinet de lecture, ainsi qu'une fabrique mécanique de chocolat, dont les produits sont fort estimés sous le nom de *Chocolats de Fagalde*. C'est à M. Fagalde que Cambo doit toutes les améliorations introduites dans l'emménagement des eaux ; c'est à lui que cette localité thermale devra sa prospérité, si elle se réalise comme tout semble l'indiquer.

PROMENADES ET EXCURSIONS.

On trouve à Cambo une foule de promenades, entre autres l'allée qui précède le village et celle qui relie les deux sources. L'*Allée des Soupirs*, la *Grotte d'Isturitz* et deux gracieux monticules d'où l'on domine la plaine de la Nive, l'un appelé la *Bergerie*, l'autre la *Montagne des Dames*. On peut aussi faire dans le pays basque un grand nombre de courses intéressantes ; telles sont celles de Hasparren, à huit kilomètres d'Isatsou, village au-delà duquel se trouve le Pas de Roland, brèche ouverte d'un coup de pied par le terrible paladin, qui ne jugea pas la montagne digne d'un coup de sa Durandal.

Le voyageur peut aussi faire une pointe jusqu'à la frontière qui n'est éloignée de Cambo que de quelques kilomètres, et visiter le village et le monastère espagnols d'Urdach.

Bains de Mer des Basses-Pyrénées.

Pour ainsi dire à côté de ses sources thermales, le département des Basses-Pyrénées possède des bains de mer fort fréquentés, Biarritz, dont la vogue grandit chaque jour, et Saint-Jean-de-Luz, dont la plage, naguère déserte, voit s'accroître tous les ans le nombre des baigneurs.

BIARRITZ.

Biarritz est situé à sept kilomètres de Bayonne; il est relié à toute heure avec cette ville par un service d'omnibus. Le village s'élève sur un mamelon, du haut duquel l'Océan se déploie dans toute sa magnificence, et d'où l'on voit se dessiner tantôt la chaîne des Pyrénées fuyant au sud-ouest, tantôt au nord-ouest, suivant l'heure et le jour, la courbe noire ou lumineuse du golfe de Gascogne.

Biarritz n'était, il y a quelques années encore, qu'un misérable village de pêcheurs. Aujourd'hui de somptueuses maisons, parmi lesquelles se distingue la villa de l'Impératrice, s'élèvent sur cette magnifique terrasse naturelle, d'où elles regardent cette mer si majestueuse dans son calme, si terrible dans ses fureurs. Peu de stations de mer peuvent aujourd'hui lutter avec Biarritz, tant pour l'élégance et le luxe des habitations que pour la splendeur de la perspective.

Dans nul autre endroit, les baigneurs ne trouvent des plages plus sûres et plus commodes. Biarritz en possède trois : le *Port-Vieux,* protégé par de hauts rochers qui forment digue et amortissent le choc des vagues; la *Côte du Moulin,* fréquentée par les baigneurs intrépides; enfin la *Côte des Basques,* où les nageurs qui ne seraient pas familiarisés avec la lame ne devraient jamais se hasarder.

Hôtels — Des Ambassadeurs, de France, d'Angleterre, Dumont, des Princes.

PROMENADES ET EXCURSIONS DE BIARRITZ.

Les promenades sont : la *Roche Percée,* le *Phare,* la *Tour de Biarritz,* l'*Atalaye,* monticule qui domine la mer, la *Chambre d'Amour,* grotte que le flot envahit à la marée montante, mais aujourd'hui presque détruite, et une foule d'autres que le visiteur peut créer lui-même en suivant cette côte, où le paysage varie pour ainsi dire à chaque pas.

Les excursions sont aussi nombreuses que variées. Nous citerons celle de Bayonne; celle de Saint-Jean-de-Luz, par une belle route presque toujours en vue de la mer; celle de la Bidassoa, qui peut être facilement prolongée jusqu'à Irun et Fontarabie, séparés de la France seulement par la rivière, et même jusqu'à Saint-Sébastien, si l'on a une passe pour franchir la frontière ; enfin, celle de Cap-Breton, dans les Landes.

SAINT-JEAN-DE-LUZ.

Cette ville, dont le port est aujourd'hui envahi par les sables, était jadis une pépinière d'audacieux navigateurs, d'intrépides baleiniers qui poursuivaient les géants de la mer jusque dans les parages les plus lointains. S'il faut en croire des traditions locales, des Basques auraient aperçu l'Amérique avant Colomb. Mais cette gloire et cette prospérité de Saint-Jean-de-Luz ont depuis longtemps disparu, et les descendants des indomptables marins d'autrefois ne sont plus que des pêcheurs qui s'aventurent tout au plus à quelques lieues en mer. Aussi l'aspect de Saint-Jean-de-Luz était-il, il y a quelques années, singulièrement triste ; les rues étaient presque désertes, et les grandes maisons noires qui les bordaient, et parmi lesquelles on montre celle de Marie-Thérèse, l'infante épouse de Louis XIV, ajoutaient encore à la tristesse mélancolique du tableau. Cependant, depuis quelque temps, cette ville, qui semblait se résigner à sa ruine, est sortie lentement de son apathie ; elle a compris que la mer, qui avait été la cause de sa décadence, devait être l'instrument de sa rénovation, et que ne pouvant plus utiliser son port, elle pouvait utiliser sa plage. Elle s'est donc résolument mise à l'œuvre; elle a réparé ou restauré ses grands logis du XVII° siècle, elle a construit de nouvelles maisons, et elle a été récompensée de ses efforts par une prospérité relative, qui ne saurait manquer de grandir et de se développer encore. A l'heure qu'il est, Saint-Jean-de-Luz compte une nombreuse clientèle de baigneurs, dont le chiffre augmente toutes les années, à proportion des améliorations qu'elle projette et qu'elle réalise. Parmi ces améliorations, on peut citer celle de l'établissement de Sainte-Barbe, où des cabanes parfaitement installées ont remplacé les abris grossiers qu'on offrait aux baigneurs. On trouve parmi ces cabanes un édifice destiné aux bains chauds, avec buffet et salon de lecture. Des omnibus vont de la ville à la plage.

Hôtels — De l'Europe, de France, Saint-Etienne, des Voyageurs.

EXCURSIONS DE SAINT-JEAN-DE-LUZ.

Elles sont de deux sortes : les unes sur les bords de la mer, les autres sur les montagnes et dans les vallées. Parmi les premières, nous citerons celle au fort du Socoa, situé au midi de Saint-Jean-de-Luz, celle de Guethary, celle de Bidarray, celle de Ciboure, villages qui ont tous des plages fort accessibles, et où ceux qui veulent jouir d'un calme non troublé, peuvent prendre sûrement et commodément les bains de mer. On peut aussi visiter, sur les bords de la Bidassoa, la citadelle ruinée de Hendaye, en face de Fontarabie, traverser la rivière, soit en barque, soit au pont d'Irun, et pousser jusqu'au vaste bassin du passage, magnifique port créé par la nature, et que l'Espagne semble dédaigner. Parmi les excursions dans les montagnes et les vallées, nous recommanderons celle de la vallée de Saint-Pée, à douze kilomètres de Saint-Jean-de-Luz; celle au village d'Ascain, que l'on fait par eau, en remontant le cours de la Nivelle; enfin une ascension à la montagne de la Rhune, qui domine si fièrement les groupes environnants, et d'où le regard s'étend à la fois sur les vallées du Pays basque, sur les plaines de sable des Landes et sur les profondeurs illimitées de l'Océan.

DES EAUX-BONNES A CAUTERETS

PAR LES

VALLÉES D'AZUN ET D'ARGELÉS.

Au lieu de revenir des Eaux-Bonnes à Pau, et de cette dernière ville à Lourdes, pour gagner Cauterets en passant par Argelés, long circuit qui exige deux journées en diligence, ceux qui ne redoutent pas les fatigues d'une excursion à cheval ou à pied dans les montagnes choisissent ordinairement la voie la plus directe de la vallée d'Azun, séparée par la gorge des Eaux-Bonnes et par deux cols, celui de Torte et celui d'Oubisque. Il y a, en traversant ainsi la montagne, onze à douze heures de chemin entre les Eaux-Bonnes et Cauterets. Mais on est amplement dédommagé de la fatigue de cette longue excursion par de grands tableaux de montagnes et par l'aspect d'une des plus riantes vallées des Pyrénées, celle d'Azun. Pour effectuer cette course avec plus d'agrément et moins de fatigue, on part de grand matin des Eaux-Bonnes; on descend sur les bords du Valentin que l'on remonte en suivant ses détours par un chemin assez passable, qui court entre des sapins et des hêtres, et après deux heures et demie d'une charmante promenade, on arrive au pied du col de Torte. On monte en zig-zag un sentier d'abord assez facile. Cette montagne, entaillée à sa cime, s'élève de plus de deux mille mètres au-dessus du niveau de l'Océan. A mesure que l'on gravit, les pentes deviennent plus raides, et tout près du sommet il devient indispensable de mettre pied à terre, les chevaux ne pouvant plus se soutenir sur des graviers mouvants que l'on déplace à chaque pas. Enfin, et non sans quelque effort, on couronne le sommet du col, que l'on franchit par une étroite fissure où deux hommes ne sauraient passer de front. De ce point la perpective est fort belle; on a en face de soi les pics de Ger et de Gabizos et toutes les montagnes qui dominent la gorge des Eaux-Bonnes, et quand on tourne vers le nord, on découvre la ligne sinueuse de la vallée d'Ossau jusqu'au bassin d'Arudy.

La descente du col est monotone, et il est prudent, à cause de la raideur des pentes, de descendre de cheval en plus d'un endroit. Quand on est enfin au bas de la descente, deux voies se présentent, l'une qui tourne par la gauche le col d'Oubisque et aboutit au village de Marsous, abrégeant le trajet de près de deux heures ; l'autre qui aborde franchement la montagne et vous conduit au sommet d'où la vue plonge dans le large bassin d'Arrens. C'est cette dernière que l'on choisit, parce que, toute longue et pénible qu'elle est, surtout à la descente, elle vous mène à la chapelle de Pouey-la-Hun, dont la Vierge est singulièrement honorée par les montagnards de la vallée d'Argelés. Cet oratoire, pittoresquement posé sur un mamelon rocheux, d'où la vue s'étend sur le village d'Arrens, couché à ses pieds, et sur les champs fertiles et les vertes prairies qui l'environnent, n'a rien de remarquable dans son architecture extérieure ; l'intérieur est chargé de dorures ; la seule chose qui vous frappe dans cette enceinte trop ornée, c'est le sol de la chapelle qui est formé tout entier d'une roche taillée par le ciseau. Après un instant de repos à Arrens, on s'achemine vers Marsous, qu'on atteint au bout de trois kilomètres par une belle route carossable. A ce dernier village, on passe sur la rive droite du gave d'Arrens, d'où l'on gagne l'autre flanc de la vallée, en passant par Bun et Sireix. De ce point, se montre dans toute sa grâce sauvage, avec son torrent, tantôt roulant paisible sous les arbres, tantôt écumant sur les roches, cette vallée qui se pare avec orgueil de ses huit villages, les uns étendus dans la plaine, les autres perchés sur les hauteurs. Après deux heures de marche, à partir d'Arrens, on se trouve, presque sans le savoir, sur le côté occidental du grand bassin d'Argelés, dont le chef-lieu, aujourd'hui délaissé par la grande route, se trouve à un demi-kilomètre du point où la vallée d'Azun se réunit à la vallée principale. On ne tarde pas à rencontrer le village de Saint-Savin, dominé par une église romane d'un aspect imposant et qui dépendait d'une riche abbaye de Bénédictins, dont la juridiction s'étendait sur tout ce côté de la vallée, ainsi que sur celle de Cauterets. Ce monument mérite une visite de la part des simples touristes et une sérieuse étude de la part des archéologues. On y montre le tombeau de Saint-Savin, fondateur de l'église et de l'abbaye, et l'on peut suivre, dans une série de tableaux sur bois grossièrement peints, les principaux événements de la vie du pieux solitaire. A côté de la basilique se trouvent les ruines de l'abbaye qui n'ont rien d'intéressant. On quitte Saint-Savin, et l'on ne tarde pas à découvrir sur la gauche une chapelle qui s'élève au milieu d'une prairie. C'est la chapelle de Piétat, un des monuments religieux les plus anciens, au dire des archéologues. Mais ce n'est pas seulement l'édifice qui doit vous attirer, c'est le paysage aussi, c'est le paysage surtout. De la chapelle de Piétat, on embrasse dans toute son étendue le grandiose ovale qui forme le bassin d'Argelés ; on suit tous les méandres du Gave, on compte tous les villages de la plaine, et l'on distingue, perçant entre les arbres, les clochers des villages montagnards qui s'étagent en face, sur le coteau de Davantaygue. En même temps, on voit se dessiner au midi la coupure profonde de la gorge de Pierrefitte, au-dessus de laquelle se dresse le magnifique amphithéâtre des montagnes de Gavarnie. Ce tableau est un des plus larges et des plus splendides qu'on puisse rêver.

A côté de Piétat, se trouve le château de Miramon, dont Despourrins, le poète bucolique des Pyrénées, avait épousé l'héritière. Ces murs, encore tout pleins des chants amoureux du poète béarnais, tombent en ruines, et semblent implorer une main amie qui les restaure et leur rende quelque chose de leur ancienne splendeur. En face de Miramon, de l'autre côté du Gave, apparaissent des ruines plus complètes et plus irréparables, ce sont celles du château féodal de Beaucens, antique demeure des vicomtes de Lavedan, seigneurs des sept vallées. Ces débris, que le temps achève de ronger, sont aujourd'hui la propriété de M. Achille Fould, ministre d'Etat.

Depuis Piétat jusqu'au village de Pierrefitte, la route forme une terrasse ombragée de frênes et de noyers, d'où, à travers les branches, l'œil découvre fugitivement quelqu'un des coins de l'immense tableau qu'il embrassait naguère dans son majestueux ensemble. A Pierrefitte, on rejoint la grande route qui se bifurque; l'une des branches se dirige au midi vers Barèges, l'autre au sud-ouest vers Cauterets; c'est celle-ci que nous suivrons d'abord.

CAUTERETS.

Onze kilomètres environ séparent Pierrefitte de Cauterets. Le chemin qu'on a littéralement taillé en corniche dans la roche s'élève par des pentes fort bien ménagées jusqu'à ce que, rencontrant un escarpement subit, il est forcé de se replier plusieurs fois sur lui-même; c'est ce qu'on appelle la *Côte du Limaçon*. A partir de ce point les pentes deviennent moins abruptes; des prairies se montrent le long du Gave, semées çà et là de quelques granges; enfin à un dernier tournant de la route on aperçoit tout-à-coup les premières maisons de Cauterets. Ce bourg thermal, situé à près de mille mètres au-dessus du niveau de la mer, s'élève entre trois montagnes qui le couvrent de leur ombre. Le site est grave et presque solennel, et l'architecture ornée des maisons, presque toutes fort belles, fait contraste avec les sévérités d'une nature où la grâce n'est qu'un accident.

Les eaux de Cauterets jouissent d'une réputation aussi ancienne que méritée; elles furent connues des Romains qui les utilisèrent en bains et en piscines.

S'il faut en croire les traditions locales, qui ne s'inquiètent guère de l'histoire écrite, le conquérant des Gaules aurait trouvé à Cauterets la guérison d'un ulcère. Mais, n'en déplaise à la tradition, l'ulcère guéri ne peut être qu'une réclame, qui, tout ancienne qu'elle est, n'en est pas moins menteuse, comme toutes les réclames; car il est constant que César ne vint jamais dans cette partie de la Gaule, qui fut soumise par son lieutenant P. Crassus. La visite à Cauterets de Sanche Abarca, roi d'Aragon, paraît plus réelle, et c'est probablement de lui qu'une des sources les plus renommées a tiré son nom de *Bain des Espagnols*. Quoi qu'il en soit, les eaux de Cauterets, propriété des moines de Saint-Savin, bien que recueillies dans des baignoires grossières, bien qu'entourées de chétives masures, comptèrent parmi leurs clients les plus fidèles les souverains de Béarn et du Bigorre. Marguerite de Valois, cette charmante sœur de François Ier, y composa, dit-on, ses contes célèbres connus sous le nom de *Contes de la reine de Navarre*. Ce ne fut que bien longtemps après la mort de Marguerite, que les cabanes disparurent pour faire place à des habitations moins primitives. Aujourd'hui de somptueuses maisons, où le marbre est prodigué, s'élèvent de toute part à Cauterets, et les fils des manants enrichis couchent sous des lambris dorés, là où la plus spirituelle princesse de son temps se contentait d'un simple abri de planches.

Cauterets, comme Bagnères-de-Bigorre, comme Bagnères-de-Luchon, compte un grand nombre de sources. Elles sont dispersées dans plusieurs établissements, appartenant, les uns à la vallée de Saint-Savin, les autres à des particuliers. Elles forment deux groupes. Celui de l'est comprend les établissements de *César* et des *Espagnols*, de *Bruzaud*, de *Rieumizet*, de *Pause-Nouveau*, de *Pause-Vieux*, et de la *Fontaine du Vieux-César*. Celui du sud comprend la *Raillère*, le *Petit Saint-Sauveur*, le *Pré*, le *Bois*, et les sources de *Mauhourat*, des *Yeux* et des *OEufs*.

Toutes ces sources sont sulfureuses à différents degrés de température et de minéralisation. Les sources de *César* et des *Espagnols* sont réunies dans un vaste établissement construit depuis quelques années par le syndicat de la vallée. Cet édifice est sans grâce; il compte vingt cabinets, quatre douches et deux buvettes. Les autres établissements qui font partie de ce groupe se recommandent par des spécialités diverses; cependant il serait à désirer que les sources fussent mieux emménagées et plus judicieusement utilisées.

L'établissement de la *Raillère*, situé à 2300 mètres du bourg, est le plus fréquenté de Cauterets; son architecture n'a rien de remarquable, mais ses eaux jouissent d'une réputation et d'une vogue méritées. Cet établissement contient vingt-trois cabinets de bains, et une buvette autour de laquelle se presse tous les jours une foule nombreuse. La *Raillère*, ainsi que les autres établissements voisins, le *Bois* et le *Petit Saint-Sauveur*, est relié à Cauterets par un service régulier d'omnibus.

TABLEAU DES SOURCES DE CAUTERETS.

NOMS DES SOURCES.	TEMPÉRATURE centigrade.	Sulfure de sodium (le litre.)
Groupe de l'Est.		
César vieux	48,15	0,0303
César nouveau	48,00	»
Espagnols	48,00	0,0334
Pause nouveau	40,00	0,0285
Pause vieux	45,00	0,0303
Bruzaud	34,80	0,0385
Rieumizet	22,50	»
Groupe du Sud.		
Yeux ou de Bayard	38,70	»
Œufs (non exploitée)	55,00	»
Mauhourat	49,30	0,0124
Pré	48,40	0,0159
Raillère	38,80	0,0194
Bois	43,00	0,0141
Petit-Saint-Sauveur	33,30	0,0120
Bayard	28,50	0,0179

Prix des bains : 1 fr. (L'eau prise en boisson se donne gratis.)

Hôtels — Des Ambassadeurs, de l'Europe, de France, de la Paix, des Princes, du Lion d'Or, du Parc.

PROMENADES DE CAUTERETS.

Les promenades à Cauterets sont peu nombreuses, et il serait à désirer que l'administration syndicale se hâtat d'améliorer celles qui existent et d'en établir de nouvelles. On peut citer néanmoins, comme créations récentes, la promenade horizontale et celle du *Mamelon Vert.* Le *Parc,* propriété particulière ouverte au public, se trouve à l'entrée de Cauterets; cette promenade, quoique peu fréquentée, ne manque pas d'agrément. Néanmoins la foule se dirige de préférence vers la route de Pierrefitte, qui est, en dépit de la poussière, la promenade à la mode de Cauterets. Ceux qui préfèrent un paysage austère au tumulte et aux embarras d'une grande route, dirigent leurs pas, soit vers les abords de la vallée de Lutour, qui s'ouvre montrant sa belle cascade, soit, en prenant un sentier qui se présente à l'entrée du *Parc,* vers la cabane de la reine Hortense, située à une assez grande élévation, et d'où le regard plonge sur Cauterets et son pittoresque bassin. Cette dernière promenade, qui exige deux heures environ, est charmante, et le point de vue dédommage amplement le promeneur d'un peu d'effort et de fatigue. Il est à regretter que les pentes ne soient pas un peu mieux ménagées.

EXCURSIONS DE CAUTERETS.

Le Pont d'Espagne. — Le Lac de Gaube.

Un chemin large et assez bien entretenu conduit de la *Raillère* au *Pont d'Espagne,* à travers une forêt de sapins, au bas de laquelle le Gave bondit et se brise plusieurs fois en cascade. Les plus remarquables de ces chutes d'eau sont celles de *Mauhourat*, de *Pique-Rome* et de *Cerizet*. Cette dernière est magnifique de bruit et de tumulte. Toute la masse du Gave croule à la fois dans un gouffre plein d'agitation et de tournoiements fantastiques, et à certaines heures de la journée, un double arc-en-ciel se dessine sur cette onde en fureur. C'est effrayant comme un orage, c'est splendide comme une vision. Après la cascade de Cerizet, on en rencontre deux autres encore, qui sont ou paraissent insignifiantes ; ce sont celles de *Boussès* et du *Pas de l'Ours*. On arrive enfin au *Pont d'Espagne*, formé de troncs d'arbres jetés sur le Gave. C'est là que se réunissent le torrent de Gaube et celui qui descend du *Marcadaou*. Le torrent de Gaube tombe sur un énorme tablier de roche, d'où il rebondit plus furieux, et s'engouffre dans l'abîme ; cette scène est de l'effet le plus saisissant.

En avant du *Pont d'Espagne*, le chemin gravit entre des rochers qui le barrent à chaque pas, et sur lesquels les chevaux du pays ont à déployer toute leur souplesse et toute leur dextérité. Après une demi-heure de marche, on sort de cet affreux chemin, et l'on débouche tout-à-coup devant une vaste nappe d'eau ; c'est le *Lac de Gaube*, au-delà duquel on aperçoit le Vignemale et ses glaciers éternels. L'œil abandonne bien vite cette surface verte, à peine ridée par le vent, pour se fixer sur la formidable montagne, aux cimes hérissées, aux flancs sillonnés de ravins profonds et d'abîmes insondables. Ce tableau est un des plus grandioses des Pyrénées, et peu de localités thermales peuvent se vanter de réunir dans un même cadre autant de magnificence et d'horreur. La course au *Lac de Gaube* prend deux heures pour l'aller et autant pour le retour. Elle se fait ordinairement entre le déjeûner et le dîner.

Le Vignemale.

Cette montagne, une des plus hautes de la chaîne (3298 mètres), est aussi une des plus difficiles et des plus périlleuses. Peu de touristes s'aventurent sur ses flancs, et l'on compte ceux qui se sont élevés sur quelques-unes de ses cimes; je dis cimes, car le *Vignemale* forme un groupe de montagnes. Une ascension au *Vignemale* nécessite deux jours; si l'on s'arrête à la base, une journée suffit, et la plus grande partie du trajet peut se faire à cheval.

De Cauterets au Marcadaou et à Panticosa.

La gorge du *Marcadaou* s'ouvre après le *Pont d'Espagne*. C'est le port ou passage par lequel on aboutit de Cauterets en Espagne, où l'on peut aller visiter les bains de Panticosa. Si l'on s'arrête au *Marcadaou,* sans gravir jusqu'au sommet du port, la course, qui peut se faire à cheval, ne prend pas plus de trois heures pour l'aller, autant pour le retour. Si l'on prolonge l'excursion jusqu'à Panticosa, il ne faut pas moins de sept heures jusqu'à cet établissement thermal. Cette dernière excursion, qui est fort intéressante, nécessite deux journées si l'on revient par le même chemin, et trois au moins si le retour s'effectue par les Eaux-Chaudes, les Eaux-Bonnes et le col de Torte.

Val de Lutour.

Le *Val de Lutour* s'ouvre en face de l'établissement de la *Raillère*, d'où l'on voit le torrent qui traverse la gorge se précipiter en cascade. Un sentier praticable aux chevaux court à travers les noires forêts de sapins qui couvrent cette solitude, une des plus sauvages, sans nul doute, des environs de Cauterets. De temps à autre, on découvre les montagnes à travers de splendides échappées. Dans le fond, une magnifique cascade écume entre les arbres. Enfin, après trois heures de marche, on arrive, mais à pied seulement, au *Lac d'Estom*, autour duquel se groupent quelques cabanes de pasteurs. Si l'on s'arrête en cet endroit, la course entière ne prend pas plus de six heures; mais si on la prolonge jusqu'au lac presque toujours glacé d'*Estom-Soubira*, sur une des crêtes de l'*Araillé* (l'éboulement), elle exige toute une journée.

Mounné.

Le *Mounné* est une des plus hautes montagnes du bassin de Cauterets; elle est située entre ce dernier bassin et celui du lac d'Estaing. De ce point culminant on plonge sur toutes les vallées du Lavedan, sur la plaine du Bigorre, et l'on voit se dresser devant soi les Pyrénées centrales dans ce qu'elles ont de plus majestueux et de plus sauvage. L'ascension du *Mounné*, dont la plus grande partie peut se faire à cheval ou en chaise à porteurs, demande cinq heures; le retour peut se faire en trois. Un guide est indispensable.

Lac d'Estaing.

Le *Lac d'Estaing* se trouve dans le val du même nom qui forme la branche la moins importante, mais certainement la plus pittoresque, de la vallée d'Azun. On y parvient par Saint-Savin et les villages d'Arcizans et de Sireix. De ce dernier à celui d'Estaing, on suit un chemin facile, bordé d'arbres et de loin en loin de maisons et de granges. Cette file d'habitations échelonnées forme le village d'Estaing, qui se prolonge ainsi pendant plus d'une lieue. Rien de gracieux comme ce vallon coupé de bosquets de hêtres, parsemé de riantes prairies, et qui se termine par un beau lac, au pied d'un superbe amphithéâtre de montagnes. Durée de la course, aller et retour, neuf ou dix heures. On peut aussi aboutir du Mounné au lac d'Estaing, mais la descente est longue et périlleuse.

De Cauterets à Gavarnie par la montagne.

Cette excursion ne saurait être tentée que par des touristes intrépides et familiarisés depuis longtemps avec la montagne. Elle se fait par les bases du Vignemale, que l'on aborde du côté du lac de Gaube, pour aller rejoindre, par des pentes de glace et de roche, l'abrupte val d'Ossoue qui débouche non loin du village de Gavarnie. Les chevaux ne peuvent aller que jusqu'au pied du Vignemale. Le reste du trajet doit se faire à pied. Cette course ne peut être entreprise que par un très beau temps et avec des guides sûrs et vigoureux. Durée de l'excursion jusqu'à Gavarnie, une journée entière.

De Cauterets à Saint-Sauveur par la montagne.

On peut franchir à cheval, mais à condition de mettre souvent pied à terre, le massif de montagnes qui sépare le bassin de Cauterets de celui de Saint-Sauveur. Arrivé au sommet de ce contrefort, au col d'Oullians, d'où l'on découvre les glaciers de Neoübieille et du Pic Long, on jouit d'un beau coup-d'œil sur les cimes et sur les vallées. Il est à regretter que le chemin ne soit pas plus facile et plus commode. Avis à qui de droit. Cinq heures pour aller, autant pour revenir.

On peut faire de Cauterets, et dans la même journée, soit à cheval, soit en voiture, des excursions à Luz et à Barèges même. La première de ces localités est à vingt-trois kilomètres, et la seconde à trente. On peut aussi descendre à Argelés, distant de dix-sept kilomètres. Les ruines du château de Beaucens et celles du prieuré de Saint-Orens, ces dernières dans une gorge qui s'ouvre en face de Pierrefitte, au-dessus du village de Villelongue, peuvent être aussi le double but d'une même excursion à pied ou à cheval; cette course peut s'exécuter aisément en sept ou huit heures. Enfin, en s'adressant aux guides de Cauterets, presque tous intrépides chasseurs d'isards, on pourra réaliser sur les montagnes voisines une foule d'autres excursions intéressantes, où la fatigue sera payée, tantôt par la magnificence du tableau, tantôt par la sublime horreur des chaos de roche et de glace. Nous recommandons ces courses, qu'on peut appeler inédites, aux vrais amateurs de la montagne.

DE CAUTERETS A LUZ ET A SAINT-SAUVEUR.

Nous avons vu que Cauterets et Saint-Sauveur se donnaient la main par-dessus la montagne, mais elles communiquent plus commodément et plus sûrement par les vallées. Une route magnifique conduit de Pierrefitte, où descend celle de Cauterets, dans le bassin fertile et gracieux tout ensemble, dont Luz occupe le centre, et Saint-Sauveur le côté droit. A un ou deux kilomètres à peine du village de Pierrefitte, la route se replie et s'enfonce dans une gorge profonde, ténébreuse, où le Gave étranglé mugit à des profondeurs effrayantes. Il y a, dans le fond, juste assez de place pour son lit. La route, suspendue au-dessus du torrent, le franchit à plusieurs reprises sur des ponts hardiment jetés d'une rive à l'autre, ou plutôt d'une montagne à l'autre. Rien n'égale l'imposante tristesse de cette gorge, dont les parois abruptes étalent à peine quelques maigres sapins tordus par le vent. On chemine, le cœur serré, dans cette solitude, et l'on se demande, avec je ne sais quel doute, comment on sortira de là. On en sort cependant, et c'est avec un sentiment de surprise et de plaisir que l'on voit d'abord quelques lambeaux de prairies se montrer à droite et à gauche du torrent; bientôt la gorge s'élargit, et l'on entre dans le fertile bassin de Luz, couvert de riantes cultures et bordé de montagnes, au flanc desquelles s'étagent de pittoresques villages posés sur les rebords de verdoyants plateaux. On ne tarde pas à découvrir, en face, Luz, ancien chef-lieu de la vallée de Barèges, et à droite, au bout d'une belle avenue de peupliers d'Italie, Saint-Sauveur, qui se colle au flanc de la montagne.

LUZ.

Luz, vieux bourg aux rues étroites et tortueuses, est entouré d'une ceinture de maisons blanches et neuves. On y visite avec intérêt l'église entourée d'une haute muraille crénelée et surmontée d'une grosse tour. Cet édifice, qui date du XIIe siècle, est l'œuvre des Templiers, ces moines-soldats qui mettaient sur tous leurs monuments l'empreinte de leur double caractère. On voit dans l'église de Luz, comme au reste dans un grand nombre d'autres églises des environs, la porte étroite et surbaissée qui donnait accès dans le temple aux Cagots, ces malheureux parias des Pyrénées, soumis, durant plusieurs siècles, à tant de misères physiques et morales. (*)

A l'entrée de la vallée du Bastan, qui vient déboucher à Luz, s'élèvent les ruines du château de Sainte-Marie, qui fut une des dernières positions militaires occupées par les Anglais dans le Bigorre. Ils en furent chassés au commencement du XVe siècle par les Barégeois soulevés et conduits par Auger Couffitte, montagnard aussi renommé pour son habileté que pour sa bravoure. En face de Sainte-Marie se dressent les ruines du château de Saint-Pierre, également construit par les Templiers pour la défense de la vallée.

SAINT-SAUVEUR.

Saint-Sauveur s'élève en amphithéâtre à la droite de Luz, et ses belles maisons, plaquées pour ainsi dire sur la roche, produisent le plus charmant effet. On y parvient par une rampe d'un kilomètre

---

(*) Voir sur les cagots *Les Pyrénées Illustrées*, chez les mêmes éditeurs.

environ, qu'une rectification récente a rendue fort aisée. Ce village thermal, qui n'a point de population propre, se compose de vingt-cinq ou trente maisons appartenant presque toutes à des propriétaires de Luz. Longtemps, comme à Cauterets, les baigneurs furent logés à Saint-Sauveur dans de chétives masures; les habitants du pays connaissaient seuls les propriétés de ces eaux calmantes, et seuls, ils en faisaient usage. Le premier qui les signala fut un évêque de Tarbes réfugié à Luz, et qui en ayant éprouvé les salutaires effets, consacra la principale des sources par cette inscription : « *Vos haurietis aquas de fonte Salvatoris.* » (Vous viendrez puiser à la fontaine du Sauveur.) Malgré cette inscription évangélique, Saint-Sauveur attendit longtemps encore la vogue et la prospérité. Ce fut sous l'Empire seulement que la mode commença à le prendre sous son patronage. Mais la plus belle époque de cette localité thermale fut sans contredit la Restauration, qui lui envoya, avec ses princesses, toutes ses notabilités aristocratiques, militaires et diplomatiques. Mais la révolution de Juillet vint arrêter le cours brillant de cette prospérité thermale, et Saint-Sauveur ne fut guère plus fréquenté que par les malades et par quelques rares fidèles, qui promenaient sous ses ombrages solitaires la mélancolie des souvenirs et la tristesse des regrets. Mais depuis quelques années la vogue lui est revenue, et c'est justice; car le site est reposé, calmant, si cela peut se dire, comme l'eau de la source même.

Cette source, recueillie dans un bâtiment de construction assez élégante, alimente seize baignoires, une douche et une buvette. Elle est sulfureuse comme les eaux de Cauterets, mais dans de bien moindres proportions ; elle est efficacement employée dans un grand nombre de maladies, notamment dans les affections nerveuses.

La température de cette eau minérale, suivant M. Ballard, s'élève à 35° centigrades.

Prix du bain et des douches : 1 fr. (Boisson gratuite.)

Hôtels — Bégarie, de Paris, de France.

PROMENADES DE LUZ ET DE SAINT-SAUVEUR.

La fontaine de *Hountalade,* située sur un plateau au-dessus de Saint-Sauveur, est un but charmant de promenade. On y parvient par des allées faciles et bien entretenues ; et d'un kiosque construit par le propriétaire de la fontaine, on aperçoit à ses pieds Luz et son gracieux bassin. Cette source est minérale et se prend en boisson, moyennant une rétribution de dix centimes.

Entre Saint-Sauveur et le Gave, dont on voit blanchir les eaux à travers les branches d'arbres, s'étend le jardin anglais. Des allées descendent jusqu'aux bords du torrent, que l'on franchit sur un pont de bois qui aboutit à la route de Gavarnie à Luz. On peut revenir par cette dernière localité, et faire ainsi une promenade assez longue et pleine d'intérêt.

Les villages de Sassis et de Viscos, avec retour par la grande route de Pierrefitte à Luz, les ruines de Sainte-Marie et le rocher de Saint-Pierre offrent aux promeneurs des buts d'excursion fort rapprochés et des points de vue aussi nombreux que variés. On trouve à Viscos une source ferrugineuse assez fortement minéralisée.

EXCURSIONS.

Saint-Sauveur, situé au pied des plus hautes montagnes de la chaîne, se trouve admirablement placé comme point de départ pour des excursions sur ces magnifiques observatoires qui s'appellent le *Pic de Bergons*, le *Piméné*, les tours du *Marboré*, le *Mont-Perdu*. Outre les courses dans les régions supérieures, le touriste en peut faire aussi de fort intéressantes dans les vallées du Bastan, de Gavarnie et de Héas. Nous commencerons par ces dernières.

Vallée du Bastan.

La vallée du Bastan vient, comme nous l'avons dit déjà, déboucher à Luz avec le torrent dont elle tire son nom. Elle compte, tant sur la plaine que sur de hauts plateaux, quatre ou cinq villages dont la richesse consiste uniquement dans les troupeaux. Ces groupes de maisons, apparaissant sur les hauteurs ou se dérobant à demi sous les feuillages, prêtent à cette vallée un charme tout particulier.

La route que l'on suit et qui se tient constamment sur la rive gauche du torrent, conduit à Barèges. Au-delà de ce bourg thermal, la vallée se prolonge fort loin, et l'on peut remonter, au nord jusqu'au *Tourmalet,* au midi jusqu'au *Lac d'Escoubous.* (Voir plus bas l'article *Barèges.)*

Vallées de Gavarnie et de Héas.

On descend de Saint-Sauveur à la route qui mène à ces deux vallées, en traversant le jardin anglais et en franchissant le Gave sur le pont que nous avons indiqué plus haut. La vallée de Gavarnie, qui descend de la chaîne centrale par de brusques ressauts, forme une série d'étranglements et de bassins successifs. Le premier de ces étranglements, fort rapproché de Luz, se nomme le *Pas de l'Echelle.* Sur ce point la route surplombe le torrent. Là se dressait autrefois un château-fort, appelé le *Château de l'Escalette,* qui fermait littéralement le passage. Plus d'une fois les Miquelets furent arrêtés par cette barrière, et quand ils s'acharnèrent à la franchir, ils furent broyés sur la roche et précipités dans l'abîme. Sous le règne de Louis XIV, quinze cents Espagnols furent écrasés littéralement dans ce passage par les Barégeois, qui faisaient rouler sur eux d'énormes blocs arrachés à la montagne. Après ce sinistre défilé, les montagnes s'écartent un peu, et l'on voit apparaître le vieux pont voûté de Scia, surmonté d'un pont de bois récemment établi, et au-delà la belle chute du Gave, connue sous le nom de *Cascade du Pont de Scia.* On repasse alors sur la rive droite du torrent, en cotoyant une montagne en décomposition, et l'on atteint ainsi le hameau de Pragnères, dont les maisons et les granges s'aperçoivent, semées çà et là, sur des prairies mollement ondulées. Gèdre ne tarde pas à se montrer au point de jonction de la vallée de Héas avec celle de Gavarnie. La première s'ouvre au sud-est; quand on l'a remontée pendant une heure environ, tout-à-coup on se trouve en face de la chapelle consacrée à la Vierge, et où se rendent en pélerinage, le 8 septembre, un grand nombre de montagnards accourus des vallées voisines. Tous font leurs dévotions devant l'image sacrée, et tous emportent aussi un fragment d'un énorme bloc nommé l'*Araillé*, sur lequel on prétend que la bienheureuse statue se reposa, lorsqu'elle émigra d'Espagne en France. La vallée se continue bien loin après la chapelle jusqu'au cirque de Troumouse, plus vaste, mais non pas aussi grandiose que celui de Gavarnie. Six heures, aller et retour, pour la course de Héas; une journée entière pour celle de Troumouse.

Jusqu'à Gèdre, le chemin qui mène à ce dernier point est assez large et praticable aux voitures légères. Mais, dans le village même, il s'étrangle, et les pentes deviennent en même temps plus raides; au *Chaos*, prodigieux éparpillement de roches tombées de la montagne, il rampe et se tord entre des masses énormes, cubes monstrueux, dont plusieurs sont grands comme des maisons. Ce bouleversement est épouvantable; il fait songer aux terribles convulsions qui ont agité notre globe, à l'époque où les montagnes surgirent. Du *Chaos* à Gavarnie, ce n'est qu'une série de bassins étroits, dont le dernier, qui s'ouvre un peu plus large, est occupé par un village bien bâti, dominé par une église construite par les Templiers, et où l'on vous montre les crânes de quelques-uns de ces martyrs de la politique avide de Philippe-le-Bel. Mais ces crânes sont apocryphes; les vrais, si jamais il y en a eu de tels, ont été vendus aux Anglais, qui n'en achètent plus aujourd'hui.

Gavarnie possède une bonne auberge de montagnes, où l'hospitalité est substantielle et à bon marché. On s'y arrête ordinairement pour déjeûner, et l'on va ensuite visiter le cirque et la cascade. Cette dernière, qui dessine sur la montagne sa longue ligne blanche de douze cent soixante-six pieds, se voit de l'auberge même, quoiqu'éloignée de cinq kilomètres. On y parvient au bout d'une heure et demie de marche, après avoir franchi l'emplacement d'un ancien lac, aujourd'hui verdoyant pâturage. On peut arriver à cheval jusqu'à l'entrée du cirque, majestueux amphithéâtre dont les gradins sont des montagnes, et ces montagnes s'appellent le *Marboré* et la *Brèche de Roland*. Rien de solennel comme ce lieu, qui n'a pas son rival dans le monde. La description est impuissante à reproduire cette scène; il faut la voir, l'admirer et se taire. Durée de la course, neuf heures, aller et retour, et y compris la halte à l'auberge.

Pic de Bergons.

Le *Pic de Bergons* est une montagne de moyenne hauteur (2122 mètres), mais admirablement placée pour servir d'observatoire. Elle domine le bourg de Luz au sud-est, et l'on y parvient, au bout de trois heures, par un sentier partout praticable aux chevaux. De son sommet, on plonge, d'un côté, sur le bassin de Luz et la partie inférieure de la vallée du Bastan, de l'autre, on voit se dresser tous ces étages de montagnes qui ont pour couronnement le *Marboré* et le *Mont-Perdu*. Durée de la course entière, trois heures pour aller, deux pour revenir.

Le Piméné.

Cette crête, élevée de 2516 mètres, et qui n'est que la partie supérieure du *Coumélie*, montagne située entre le *Val de Gavarnie* et celui d'*Estaubé*, est sans contredit le point le plus favorable pour embrasser le cirque et les sommets environnants. On y monte, soit par Gèdre, soit par le cirque même, en franchissant la *Brèche d'Allanz*. Il est préférable de l'aborder du côté de Gèdre, parce que le spectacle est plus soudain et plus saisissant. Une fois sur cette arête, on voit se dessiner à droite la vallée tout entière de Gavarnie, à gauche et perpendiculairement le *Val d'Estaubé* et le *Cirque de Troumouse*; devant soi, on a le *Cirque du Marboré* dont on peut étudier, pour ainsi dire, la gigantesque architecture. Il y a dans les Pyrénées des tableaux plus larges, il n'y en a pas de plus majestueux. Une journée tout entière doit être consacrée à cette course, surtout si au lieu d'aborder de front la montagne, on la tourne par Héas et le *Val d'Estaubé*.

Brèche de Roland.

Cette magnifique brèche, qui a 300 mètres d'ouverture, se trouve à l'occident du cirque de Gavarnie. On y parvient, en partant de l'auberge, après quatre heures et demie de marche. Il faut avoir le pied tout-à-fait montagnard et ne pas craindre le vertige, pour s'aventurer sur les étroites corniches de roche et les effrayants talus de glace qu'on doit franchir avant d'atteindre au terme de cette longue et laborieuse ascension. Des crampons sont nécessaires pour traverser les glaciers, et deux guides ne sont pas de trop. La vue qu'on a de la Brèche, dont la hauteur est de 3006 mètres, ne dédommage point de la fatigue, et pour ceux qui n'étudient ni les glaciers, ni la construction géologique des Pyrénées, cette course n'a guère d'autre mérite que celui de la difficulté vaincue. Durée de la course entière depuis Saint-Sauveur, y compris le retour dans cette dernière localité, quatorze heures.

Le Mont-Perdu.

Cette montagne, haute de 3405 mètres, est bien nommée; car il a fallu presqu'autant de peine à Ramond pour la découvrir qu'il lui en a fallu pour atteindre à son sommet. Elle est située derrière le *Marboré*, et ses deux versants sont espagnols. Elle est, après le *Pic de Néthou*, sur la

Maladetta, la plus élevée des Pyrénées. Elle n'est abordable que d'un côté, et pour en faire l'ascension, il faut franchir la *Brèche de Roland*, que l'on descend, à travers des éboulements, jusqu'à une cabane qui sert de corps-de-garde aux *carabineros* (douaniers espagnols). On passe la nuit, tant bien que mal, sous ce misérable abri, et le lendemain, on gravit le cône de la montagne par des pentes d'une effrayante inclinaison. Au bout de sept heures de marche, on arrive au sommet de ce gigantesque observatoire. La vue du côté des montagnes est limitée, le *Mont-Perdu* se trouvant trop engagé dans la masse de pics qui l'entourent; mais vers le midi, elle s'étend sur les vallées et les plaines de l'Aragon jusqu'à Saragosse, qu'on aperçoit à l'œil nu quand le ciel n'a pas de vapeurs. C'est Ramond, l'intrépide et savant explorateur des Pyrénées, qui est parvenu le premier, en 1802, sur la cime du *Mont-Perdu*, après avoir inutilement tenté à deux reprises d'y aboutir par le *Val d'Estaubé*. (*) Durée de cette excursion, trois jours en partant de Saint-Sauveur, deux jours si l'on part de Gavarnie. — Deux guides sont indispensables.

N. B.—On peut faire, en partant de Saint-Sauveur, les mêmes excursions dans la vallée d'Argelés, que celles que nous avons indiquées à l'article *Cauterets*. Les trajets ne seront pas plus longs. On peut aboutir à cette dernière localité, soit par le col

---

(*) Voir l'émouvant récit de ces deux tentatives dans le livre intitulé *Voyage au Mont-Perdu*.

d'*Oullians*, soit par le *Val d'Ossoue* et les bases du *Vignemale*. (Voir également pour ces deux excursions l'article *Cauterets*.)

Luz, qui n'est, comme nous l'avons dit, qu'à un kilomètre de Saint-Sauveur, ne possède point d'eaux minérales; il reçoit dans les élégantes maisons qui bordent la route le trop-plein des malades de cette dernière localité. Il est en outre fréquenté, durant toute la saison thermale, par les touristes qui s'y établissent en foule, pour de là rayonner sur Barèges, Saint-Sauveur et Cauterets. Il a de plus l'avantage fort apprécié d'avoir un des meilleurs hôtels de cette partie des montagnes, celui des Pyrénées, dont tout le monde se plaît à louer la bonne tenue et les prix modérés. Indépendamment du trop-plein de Saint-Sauveur, Luz reçoit aussi quelques malades opulents à qui l'on a prescrit les eaux de Barèges, mais qui, fuyant un site trop attristé, vont prendre en voiture leurs bains dans le premier de ces endroits, et reviennent se reposer et se distraire dans le second. Mais c'est là un privilége de la richesse, et le commun des malades est forcé de se confiner à Barèges.

BARÈGES.

Ce bourg thermal, qu'on a dépeint, selon nous, sous des couleurs beaucoup trop sombres, est situé, comme nous l'avons dit, dans la vallée du Bastan, à huit kilomètres environ de Luz. La route se trouve constamment sur la rive gauche du torrent, ce qui lui interdit tout développement, et la force de se soumettre à tous les accidents du terrain ; aussi est-elle fort raide, et ne forme-t-elle depuis Luz qu'une longue côte, que les diligences mettent près de deux heures à monter. Encore est-elle fréquemment emportée par les torrents grossis par les pluies d'orage qui descendent des montagnes. Néanmoins, malgré ces difficultés de locomotion, malgré surtout sa situation élevée dans une gorge sauvage (1241 mètres au-dessus du niveau de l'Océan), Barèges compte chaque année un nombre toujours croissant de baigneurs. Elle doit cette affluence aux énergiques propriétés de ses sources sulfureuses, à leur action salutaire sur un grand nombre de maladies, notamment sur les plaies et les blessures. Ces eaux furent longtemps ignorées, ou plutôt leur réputation demeurait confinée dans un cercle fort étroit. Les montagnards seuls en faisaient usage dans des baignoires grossières ou dans de sombres piscines, dont on aperçoit encore les restes dans un lieu appelé le *Vieux Barèges,* et qui se trouve beaucoup plus bas dans la vallée que le bourg actuel. Ces débris remontent probablement au moyen-âge. Ce ne fut que vers la fin du XVIIe siècle que les sources de Barèges commencèrent à être connues et appréciées. Le jeune duc du Maine y fut conduit, en 1677, par Mme de Maintenon, et c'est pour lui que fut ouverte la route du Tourmalet, col fort élevé qui sépare la vallée de l'Adour de celle du Bastan. La route qui suit les vallées, et qui traverse la gorge de Pierrefitte pour s'enfoncer ensuite, à la hauteur de Luz, dans celle du Bastan, ne fut livrée à la circulation que bien plus tard. Pour la première fois, en 1745, les montagnards de Barèges virent pénétrer des voitures dans leur vallée. (*) A partir de cette époque, les progrès et les améliorations se succédèrent rapidement, les sources furent captées et recueillies dans un établissement spécial, et vers 1760, l'hôpital militaire fut fondé et reçut les blessés de la *Guerre de sept ans.* De cette fondation date réellement la prospérité thermale de Barèges, dont l'efficacité des eaux fut ainsi constatée par des témoignages irrécusables. Les mutilés de la Révolution et de l'Empire affluèrent à Barèges comme y avaient afflué ceux de Minden et de Rosbach, comme y affluent encore ceux d'Afrique et de Crimée. Cette population de malades militaires mêlés à la population non moins nombreuse des malades civils de tous les pays et de toutes les classes, donne à cette localité thermale une physionomie particulière qui

---

(*) Voir *Les Pyrénées Illustrées,* chez les mêmes éditeurs.

ne manque ni de charme ni d'intérêt. Le matin et le soir surtout, à l'heure du bain ou à celle de la promenade, la longue rue du bourg offre comme une mosaïque de costumes de l'effet le plus pittoresque, et à voir le mouvement de cette foule, à entendre les rumeurs qui s'en échappent, au lieu de se croire dans un asile consacré à la douleur et à la souffrance, on se croirait plutôt, si n'étaient les montagnes ruineuses qui bornent partout la vue, dans un de ces jardins publics des grandes villes ouverts aux plaisirs bruyants et aux folles joies.

En parlant de la longue rue de Barèges, j'ai parlé de tout Barèges. Tout, en effet, est là : les hôtels, les cafés, l'établissement thermal, l'hôpital militaire. Seul, un bâtiment se détache de la rue pour s'adosser à la montagne de droite; c'est l'hospice affecté aux malades civils, et qu'on doit à la généreuse et féconde initiative de l'évêque actuel de Tarbes, Monseigneur Laurence. L'établissement thermal, comme nous l'avons dit, date du milieu du siècle dernier. Mais, quoique restauré et amélioré à diverses reprises, il laissait néanmoins beaucoup à désirer. Aussi la commission syndicale de la vallée de Barèges s'est-elle décidée à construire un bâtiment plus vaste, plus commode et plus en rapport avec l'importance des sources et les progrès de la thérapeutique thermale. Cet établissement contiendra un plus grand nombre de baignoires que l'établissement actuel, qui n'en possède que seize, plus trois piscines et une douche, et il sera pourvu en outre de tous les appareils d'invention moderne destinés à rendre plus commode ou plus actif l'emploi des eaux minérales. Ces travaux sont en cours d'exécution, et tout porte à croire qu'ils seront promptement terminés. (*)

Indépendamment de l'établissement appartenant à la vallée, Barèges en renferme un autre de construction assez récente, et qui est une propriété particulière. Il est connu sous le nom d'*Etablissement Barzun,* et renferme neuf baignoires et deux douches, l'une ascendante et l'autre descendante. Les eaux jouissent des mêmes propriétés que celles de l'établissement principal ; mais, beaucoup moins minéralisées, et par conséquent moins énergiques : elles peuvent être plus facilement supportées par les personnes d'un tempérament irritable.

TABLEAU DES SOURCES DE BARÈGES.

NOMS DES SOURCES.		Température centigrade.	Sulfure de sodium (le litre.)
Le Tambour	Grande douche...	43,30	0,0490
	Buvette.........	43	»
	Petite douche....	42,50	»
L'Entrée....................		39	0,0393
Polard.....................		37,25	0,0270
Le Fond....................		36	0,0270
Le Bain neuf................		37,10	0,0341
Dassieu....................		34	0,0245
Gency.....................		33	»
La Chapelle................		31,25	0,0186
Barzun....................		29,75	0,0303
Vieux Barèges..............		froide (non exploitée).	

(*) Déjà quelques parties de l'édifice nouveau sont achevées et livrées au public.

Prix des bains : 1 fr. (Boisson gratuite.)

Prix de la piscine : De cinq à huit heures du matin, de 50 centimes à 1 fr., suivant le nombre des personnes ; — durant le reste de la journée, 25 centimes.

Barèges possède trois ou quatre hôtels et un grand nombre de maisons particulières. Hôtels et maisons sont abandonnés pendant l'hiver. Les plus confortables se trouvent dans la partie inférieure de la rue, coupée en deux par un vide assez large, qui est occupé, pendant la saison thermale, par des magasins élevés tous les ans au mois de mai, et démolis au mois d'octobre. En voyant ce terrain précieux ainsi livré à de misérables échoppes, l'étranger s'étonne à bon droit; mais l'étonnement cesse du moment qu'on interroge les habitants du pays, qui vous apprennent que cet espace qu'on considérait comme si précieux, est le point par où descendent les avalanches, nulle part plus terribles qu'à Barèges. Les avalanches descendent de montagnes ravinées, qui sont séparées du bourg par le lit du Bastan. Cet obstacle semble infranchissable ; néanmoins, les avalanches, celles que les montagnards appellent *volantes*, sautent par dessus le torrent, et traversant le vide laissé entre les maisons, et se heurtant contre la base de la montagne opposée, prennent souvent Barèges à revers, et par des chocs en retour, renversent ou endommagent gravement les maisons situées dans la partie inférieure. Ce fléau, sans cesse suspendu sur cette gorge, est pour les habitants le sujet d'une légitime terreur; et en laissant, ainsi que nous venons de le voir, un espace vide au milieu de leur rue, ils font la part de l'avalanche, comme dans un incendie on fait la part du feu. Cependant, malgré cette menace toujours imminente, on bâtit toujours à Barèges, ou plutôt on y rebâtit, et l'on y compte plusieurs belles habitations.

Hôtels — De France, de la Paix, de l'Europe.

PROMENADES DE BARÈGES.

Depuis une vingtaine d'années Barèges a fait de notables progrès au point de vue des promenades. Jadis les étrangers, pour satisfaire aux besoins de la locomotion journalière, n'avaient que la rue du bourg et la grande route de Luz. Aujourd'hui de nombreuses allées s'ouvrent aux pas des promeneurs sur la montagne boisée qui s'élève au midi; on aboutit ainsi à une allée supérieure nommée l'*Allée Verte*, d'où l'on jouit d'une perspective assez étendue. L'*Héritage à Colas,* sur un plateau qui domine la vallée, et d'où se découvre un large horizon, est, avec le *Sopha*, mamelon éloigné de vingt minutes, le but atteint sans fatigue vers lequel se dirigent tous les jours de véritables caravanes de promeneurs.

EXCURSIONS DE BARÈGES.

Le Pic du Midi.

Pour parvenir de Barèges au sommet de cette montagne sans rivale pour l'étendue et la magnificence de la scène (2876 mètres), on ne met que trois heures à cheval, trois heures et demie à pied. On suit la route du *Tourmalet* jusqu'aux cabanes de Thou, station d'été des pasteurs de la vallée du Bastan. Là, on tourne à gauche, et par un sentier assez raide, on remonte un ravin qui aboutit au-dessus du *Lac d'Oncet*, à la crête où s'élève l'hôtellerie du Pic du Midi. Sur ce point, on aborde le cône même du Pic, et au bout d'une heure on atteint le sommet. (*)

Pic d'Ayré.

Ce pic s'élève au-dessus de la belle forêt qui domine Barèges. Pour parvenir au sommet, on se dirige vers le gracieux pâturage de Lienz, d'où l'on gagne l'*Allée Verte*. On ne tarde pas à sortir de la forêt et à s'élever sur une croupe verdoyante couverte des plus riches fleurs de la montagne. Jusqu'à ce point le sentier n'a pas cessé d'être facile

---

(*) Voir ce que nous disons du Pic du Midi à l'article *Bagnères*. Voir aussi *Les Pyrénées Illustrées*, chez les mêmes éditeurs.

et commode; mais il devient fort rude et même quelque peu dangereux sur une crête aiguë, bordée à droite et à gauche de profonds précipices. Ce pas franchi, il n'y a plus de difficulté, et l'on parvient au bout de quelques minutes à la dernière crête, d'où la vue plonge, d'un côté sur le bassin de Luz, de l'autre sur les glaciers de *Neoübieille* et sur les groupes environnants. Durée de la course, six heures, aller et retour.

La Montagne d'Asblancs.

On nomme ainsi l'une des crêtes qui dominent Barèges du côté du nord. C'est sur le flanc de cette montagne profondément ravinée que se forment presque toutes les avalanches qui fondent sur la vallée. On aboutit à cette crête en moins de deux heures; on y jouit d'une large vue sur toutes les cimes qui avoisinent Barèges, et l'on plonge, du côté du nord, sur la belle nappe du *Lac Bleu*. Le retour s'effectue en cinq quarts d'heure environ.

Le Lac Bleu.

Le *Lac Bleu*, de même que le *Pic du Midi*, est beaucoup plus rapproché de Barèges que de Bagnères. Pour arriver à ce magnifique réservoir naturel, on suit le chemin du *Tourmalet*, qu'on abandonne avant les cabanes de Thou, pour s'enfoncer dans un large vallon qu'on remonte jusqu'au *Col d'Aube*, élevé de plus de 2200 mètres. Une fois de l'autre côté du col, on descend par de riants pâturages jusqu'au *Laquet* ou *Petit Lac*, séparé du grand par un isthme assez large. On peut, en cotoyant le bord occidental, aboutir à la maison construite par l'administration des ponts-et-chaussées, et en suivant le bord oriental, au promontoire du *Pas du Bouc*. Ce dernier trajet est préférable de tout point; il est plus court et surtout plus facile. (Voir le *Lac Bleu* à l'article *Bagnères.)* Durée de la course entière, six heures à cheval, sept heures à pied.

L'Ermitage de Saint Justin.

Ce lieu est célèbre dans la tradition religieuse du Bigorre. Saint Justin, premier évêque de Tarbes, aurait, s'il faut en croire la légende, vécu longtemps dans cette retraite isolée, au sommet de cette montagne qui porte encore son nom. Quoi qu'il en soit, le site est fort beau, et chaque année de nombreux visiteurs s'y rendent de Luz et de Barèges. On y arrive par le village de Sers, que l'on aperçoit de la route de Barèges, sur un plateau formé par les montagnes de la rive droite du Bastan. Durée de la course, aller et retour, trois heures.

Le Lac d'Escoubous.

Ce lac, quoique bien inférieur au *Lac Bleu*, n'en mérite pas moins d'être visité. Il est situé aux bases du *Pic de Neoübieille*, et on y parvient en remontant pendant quelque temps le cours du Bastan, jusqu'à un large vallon qui s'ouvre au midi, et qui se termine jusqu'au pied d'un escarpement rocheux formant la digue du lac. Cette barrière franchie, on voit se dérouler à ses pieds une belle nappe verte, coupée de zônes lumineuses, suivant l'heure du jour et les caprices du rayon. Au-dessus s'élèvent des pics glacés d'une majestueuse austérité, et que domine la gigantesque masse de *Neoübieille*.

Neoübieille.

Ce pic est bien nommé (Vieille Neige). Un large glacier occupe tout un de ses flancs, et rend l'ascension extrêmement difficile. Ce n'est que dans ces dernières années qu'on est parvenu à la cime de cette montagne, une des plus hérissées de la chaîne, et élevée de 3455 mètres au-dessus du niveau de la mer. Cette excursion ne peut être faite qu'avec des guides sûrs, et elle exige une journée entière.

Pic d'Ereslitz.

Ce pic est situé en face du vallon qui mène au *Lac d'Escoubous*. Il est fort intéressant pour le minéralogiste, qui trouve encore à y recueillir des cristaux et des grenats, fort abondants autrefois, mais qui se font de jour en jour plus rares. Belle vue sur les montagnes de Luz. Trois heures pour aller, deux pour revenir. Une partie seulement du trajet peut se faire à cheval.

Tourmalet. — Gripp.

Une heure et demie suffit pour monter au sommet du col, si l'on est à cheval; il faut plus de deux heures à un piéton. De belles montagnes de forme et de structure diverses, le *Pic d'Espade* (le Pic de l'Épée), *Compana* (la Cloche), dominent majestueusement ce passage, un des plus fréquentés des Pyrénées. Sur le revers opposé du col s'étendent de beaux pâturages, qui descendent par des bassins successifs jusqu'à la vallée de Gripp. Le chemin qui traverse le col est un très beau chemin de montagnes, dont les pentes sont bien ménagées, surtout du côté de la vallée de Campan. Durée de la course, aller et retour, jusqu'au sommet du *Tourmalet*, à cheval, trois heures; à pied, quatre heures et demie. Jusqu'à Gripp, aller et retour compris, à cheval, sept heures; à pied, huit heures et demie. Cette excursion peut être prolongée jusqu'à Bagnères, mais alors elle exige deux jours.

Toutes les excursions que nous avons signalées à l'article *Saint-Sauveur*, telles que celles dans les vallées de Héas et de Gavarnie, au *Cirque*, au *Pic de Bergons*, au *Piméné*, à la *Brèche de Roland*, au *Mont-Perdu*, dans la vallée d'Argelés et à Cauterets, peuvent se faire en partant de Barèges, où l'on trouve d'ailleurs d'excellents guides, au prix de 5 fr.

par homme et par cheval pour une journée. Le tarif est à peu près le même dans toutes les localités thermales des Pyrénées. Pour les courses qui n'exigent pas une journée tout entière, le prix des guides varie de 3 à 4 fr., selon l'époque de la saison.

DE BARÈGES A BAGNÈRES-DE-LUCHON.

Deux routes conduisent de Barèges à Luchon : la première, et la plus directe, par la montagne ; la seconde, qui est la plus commode pour le commun des voyageurs, par Bagnères-de-Bigorre et la vallée de la Garonne. Nous allons parcourir successivement ces deux voies.

La route par la montagne franchit le *Tourmalet*, et descend à l'auberge de Gripp, où elle rejoint une belle chaussée que l'on suit jusqu'au village de Sainte-Marie. Là, on change de direction, et au lieu de descendre vers Bagnères-de-Bigorre, on tourne à droite, et l'on remonte dans la direction du sud-est la branche de la vallée de Campan, que les montagnards désignent sous le nom de *Vallée de la Seoübe*, et après un parcours de sept kilomètres, à partir de Sainte-Marie, on arrive à l'auberge de Paillole. On peut aboutir aussi à ce dernier point, en abrégeant considérablement le trajet, si au lieu de faire le détour de Sainte-Marie, on coupe, à la hauteur de Gripp et même plus haut, près des cascades, le contrefort qui sépare les deux branches parallèles de la vallée. On gagne ainsi une bonne heure.

De l'auberge de Paillole, la route se dirige vers le col d'Aspin, qui verse dans la vallée d'Aure (voir pour le paysage l'article *Bagnères-de-Bigorre*). Du sommet du col, le chemin descend par de longues et ennuyeuses rampes, qui n'ont pas moins de huit à neuf kilomètres de parcours, dans la vallée d'Aure, à peu de distance de la petite ville d'Arreau. Cette localité, située au confluent de la Neste d'Aure et de celle de Louron, n'a de remarquable qu'une vieille chapelle dédiée à saint Exupère, et qui remonte au XIe ou XIIe siècle.

La vallée de Louron, qui s'ouvre au sud-est, montre de loin ses belles prairies et ses villages perchés sur les hauteurs; et c'est avec un sentiment de joie paisible qu'on pénètre dans cette pastorale retraite. Pendant quatre ou cinq kilomètres, la route cotoie les rives verdoyantes de la Neste, qu'elle franchit après le village de Bordères, pour passer sur la rive droite, et s'élever sur les hauteurs par de longues rampes. On monte ainsi d'une manière insensible, et l'on voit se déployer, avec tous ses villages, les uns dans la plaine, les autres sur des mamelons, cette charmante vallée parée de grâces champêtres et couronnée de magnifiques horreurs; car le Louron a pour encadrement, vers le midi, ces redoutables montagnes de la Pez et de Clarabide, presque toujours voilées de sinistres nuages.

Au bout d'une montée de deux heures, on parvient sur une pelouse à peu près unie, fertile pâturage traversé par de nombreux ruisseaux, et que dominent à droite et à gauche deux cimes élevées formant la limite des Hautes-Pyrénées et de la Haute-Garonne. On est au sommet du *Col de Peyresourde,* d'où la vue s'étend sur les belles prairies de la vallée de Larboust, sœur gracieuse de celle de Louron. Au loin se dressent les magnifiques groupes des montagnes de Luchon, surmontées par la masse prodigieuse de la *Maladetta.* Ce tableau est d'une incomparable beauté et d'une singulière magnificence.

A partir du col, la route, praticable aux voitures depuis Bigorre, s'élargit encore, et en même temps les pentes deviennent plus douces, si bien que les piétons ennuyés les coupent souvent en ligne droite. Bientôt des villages se montrent, non moins riants que ceux du Louron. Le premier qui se présente est Garen, où les géologues ne manquent pas de visiter une magnifique moraine (entassement de blocs roulés), surmontée par une chapelle appelée de *Sans Tritous* (les Petits Saints). Ce nom lui vient d'une multitude de petites figures gravées sur les pierres qui forment les parois de l'édifice. On retrouve des figures semblables sur des pierres qui couvrent le sol autour de la chapelle, et que les archéologues signalent comme des pierres tumulaires appartenant à des tombeaux païens.

De Garen on descend à Cazaux, dont l'église fort ancienne renfermait des peintures à fresque d'une singulière naïveté, et représentant les principales scènes de l'Ancien et du Nouveau Testament. Un badigeon malencontreux a recouvert, au grand regret des artistes, celles de ces peintures qui contenaient certains détails un peu plus que naïfs. Saint-Aventin tire son nom d'un pieux solitaire, dont des voix convaincues vous raconteront la merveilleuse légende. Une chapelle, d'où l'on jouit d'une splendide vue sur la partie inférieure du Larboust, sur l'entrée de celle d'Oueil, dominée par la tour de Castet-Blancat, a été consacrée par la piété des montagnards à leur saint de prédilection, qu'ils considèrent encore comme le protecteur de la vallée.

Luchon n'est plus qu'à une heure de Saint-Aventin, et l'on y aboutit, après avoir franchi le torrent du Larboust, par une belle promenade nommée l'*Allée des Soupirs*. La course à cheval de Barèges, par les vallées de Campan, de Louron et de Larboust, est une des plus pittoresques et des plus faciles qu'on puisse faire dans les Pyrénées; elle n'exige qu'une journée, à condition toutefois que l'on parte de grand matin.

La seconde route qui mène de Barèges à Luchon, est plus longue, et ne peut être parcourue qu'en deux jours. Elle nécessite le passage par Bagnères, soit qu'on se rende dans cette dernière ville à cheval par le col du *Tourmalet* et la vallée de Campan (six heures de marche), soit qu'on y aboutisse en diligence en sept ou huit heures (58 kilomètres), par Pierrefitte et Lourdes, en traversant la vallée d'Argelés. Une fois à Bagnères-de-Bigorre, le voyageur trouve des diligences qui, partant le matin à cinq heures, arrivent à Luchon, éloigné de 84 kilomètres, vers trois heures de l'après-midi. Le pays que l'on parcourt ne manque pas d'intérêt pittoresque, et de plusieurs points les Pyrénées se montrent dans leur majestueux ensemble. La route, en quittant Bagnères, s'élève sur le coteau qui borde à l'orient la plaine de l'Adour, et après en avoir atteint le sommet, se développe, tantôt montant, tantôt descendant, sur un long plateau qui se termine à la forêt de l'Escale-Dieu, après le grand village de Cieutat, situé à quelque distance sur la gauche. Là, on se trouve sur un des versants de la vallée de l'Arros, une des plus profondément creusées des Pyrénées, et après cinq kilomètres rapidement parcourus, on débouche dans une petite plaine traversée par un ruisseau à peine murmurant. C'est l'Arros, fort redouté néanmoins à cause de ses crues subites. On a devant soi une longue ligne de bâtiments blanchis, où se trouve un relai de poste. C'est ce qui reste de l'antique et célèbre abbaye de l'Escale-Dieu, appartenant à l'ordre de Cîteaux, et qui fut fondée dans le XIIe siècle. Des moines de cette abbaye, poussés par l'esprit de prosélytisme si puissant dans toutes les corporations religieuses, passèrent en Espagne, et y établirent plusieurs maisons de leur ordre. Deux de ces religieux, après avoir défendu contre les Maures la ville de Calatrava, fondèrent l'ordre militaire de ce nom, et obtinrent pour l'abbaye de l'Escale-Dieu la suprématie spirituelle sur tous les monastères de Cîteaux au-delà des monts. (*) L'Escale-Dieu devint le Saint-Denis des comtes de Bigorre. Tous les tombeaux ont été détruits, de même que tous les monuments anciens de l'abbaye, probablement à l'époque des guerres religieuses. L'Escale-Dieu fut plusieurs fois saccagé par les calvinistes, notamment par les bandes de Montgomery.

Sur le coteau oriental, que la route gravit bientôt, s'élève un autre débris du passé; c'est le vieux château de Mauvezin, qui protégeait à l'est le comté de Bigorre, comme le château de Lourdes le couvrait à l'ouest. Après la paix de Bretigny, il fut occupé par les Anglais qui y entretinrent une bonne garnison bien pourvue d'armes et de vivres; ce qui n'empêcha pas, quelques années plus tard, les Français, conduits par le duc d'Anjou et Duguesclin, de se rendre maîtres de la place. (**) Mauvezin joua aussi un rôle important dans les guerres de religion; mais, les troubles apaisés, il disparaît de la scène de l'histoire. Aujourd'hui il ne reste plus de la vieille forteresse comtale que l'enceinte, flanquée au sud-est d'une grosse tour bâtie ou réparée par Gaston Phœbus. Toutes les constructions intérieures ont disparu, et l'enceinte elle-même est coupée de nombreuses brèches.

Après avoir passé sous le château et traversé le village, la route descend vers Capvern, qui possède, à deux kilomètres sur la gauche, un établis-

---

(*) Voir *Les Pyrénées Illustrées*, chez les mêmes éditeurs.
(**) Voir le récit de Froissard, *Ibid.*

sement d'eaux minérales qui jouit d'une certaine réputation, et qui compte, surtout dans les mois d'août et de septembre, de nombreux malades venus des localités voisines. Quelques maisons se groupent autour du bâtiment des Thermes, et l'on trouve dans deux hôtels bien tenus des logements et une alimentation convenables. Ce séjour ne manque pas d'attrait, et le vallon de Capvern est souvent animé par des cavalcades parties de Bagnères, qui le remplissent de leurs bruits joyeux. A une petite distance de l'établissement principal, s'en trouve un autre appelé le *Bouridé* (eau qui bouillonne), espèce de marc assez semblable aux boues de Saint-Amand, dans le département du Nord.

Au village de Capvern, s'ouvre, sur la droite, une route qui descend jusqu'à Labarthe-de-Neste. Cette localité possède aussi un établissement d'eaux minérales chauffées artificiellement comme leurs voisines, mais qui n'ont pas, tant s'en faut, le privilège d'attirer un aussi grand nombre de baigneurs. Le site de Labarthe est fort pittoresque, et de la terrasse de l'établissement on jouit d'une large et splendide échappée sur les montagnes de la vallée d'Aure. C'est encore, pour les étrangers résidant à Bigorre, le but d'une excursion qui remplit fort bien toute une journée.

A partir de Capvern, la route se dirige à travers des Landes à peine entamées de loin en loin par la culture. Le milieu de cette triste solitude est occupé par le bourg de Lannemezan, qui n'offre rien à la curiosité du voyageur.

Les landes se continuent, avec moins de tristesse toutefois, jusqu'aux environs de Montréjeau, petite ville fort commerçante, située à l'extrémité du long plateau que l'on vient de parcourir. D'une des promenades de la ville, le regard embrasse, à perte de vue, le gigantesque amphithéâtre des Pyrénées, qui, de nulle autre part, ne se déploient avec une telle splendeur et une telle majesté. Au bas du plateau, se déploie la Garonne, déjà paisible et grossie de la Neste, dont on aperçoit la jonction avec le grand fleuve pyrénéen. Cette belle nappe d'eau décrit dans une vaste plaine, d'une incomparable fertilité, des courbes gracieuses, comme si elle s'éloignait à regret de ces bords heureux et féconds. Ces montagnes, cette plaine, ces cours d'eaux et ces vallées qui se confondent, ce ciel si pur, tout contribue à faire de cette perspective une des merveilles des Pyrénées.

On s'arrache avec effort à la fascination de cette scène, pour descendre dans la plaine de la Garonne qui ne sera bientôt qu'une vallée. Une côte fort raide conduit au bas du plateau ; la route tantôt se rapproche, tantôt s'éloigne du fleuve, qu'elle franchit, au village de Labroquère, sur un pont de marbre. On entre alors dans le bassin de la Barousse, vallée latérale fort étendue, qui vient se joindre à celle de la Garonne. Rien n'égale la beauté de ce paysage, rien, si ce n'est peut être la fertilité du sol. De longues lignes de peupliers précèdent les villages et leur font de charmantes avenues. Les souvenirs viennent ajouter leur poésie aux charmes de la nature; à gauche, sur cette éminence, au-delà de la Garonne, c'est le château où naquit ce Barbazan, surnommé avant Bayard le chevalier sans peur et sans reproche, et que Charles VII honora d'un tombeau à Saint-Denis, en récompense des services rendus à la couronne, dans les guerres contre les Anglais; à droite, sur ce dernier contrefort des Pyrénées, c'est Saint-Bertrand de Comminges, la ville épiscopale bâtie avec les débris de l'antique cité romaine de *Lugdunum Convenarum* (Lyon de Comminges). Ici, sur la route même, c'est Loures, charmant village qui ne se recommande que par la grâce du paysage et les charmantes habitations répandues çà et là dans son fertile bassin. Après Loures, la vallée s'étrangle en face du château de Luscan, qui apparaît sur une crête rocheuse; puis elle s'élargit insensiblement de Bertren à Bagiri, pour se développer dans un nouveau bassin d'une richesse et d'un éclat incomparables. Plusieurs villages se montrent dans cette oasis, dominée au sud par les montagnes de Cierp, à l'est par la masse imposante du *Pic du Gard*. Sur la droite de la route, se montrent, à demi cachés dans la verdure, Siradan et Sainte-Marie, deux établissements d'eaux minérales qui comptent déjà une nombreuse clientèle de malades, le dernier surtout. Plus loin, sur la même ligne, se montre Saléchan, non moins souriant et non moins ombragé. Ces trois villages appartiennent à la Barousse, qui débouche à Siradan par une gorge traversée par une route carrossable, et par où l'on peut atteindre

Mauléon, chef-lieu de la vallée. Les Hautes-Pyrénées finissent à Saléchan, et la Haute-Garonne commence à Esténos. Après Esténos, on atteint bientôt Cierp et un autre bassin formé par la jonction de la vallée de Luchon avec celle de Saint-Béat. Ce bassin a un autre caractère que les précédents; sans être moins luxuriant, il est plus alpestre, et il emprunte je ne sais quelle austérité aux pitons calcaires qui le dominent, et qui révèlent sur ce point quelque grande convulsion terrestre. A Cierp, la route se bifurque; la branche de gauche remonte la vallée de la Garonne, en passant par Saint-Béat, jusqu'au *Pont du Roi,* limite peu imposante de la France et de l'Espagne; celle de droite se dirige vers Luchon, encore éloigné d'une vingtaine de kilomètres.

Non loin de Cierp, on traverse la route sur un beau pont, celui de Guran, village situé sur la droite, et dont on aperçoit le château jadis fort redouté. Il appartenait à des seigneurs qui exerçaient le droit féodal avec une singulière rigueur. S'il faut en croire les récits des montagnards, tous ceux qui passaient devant le manoir de ces *Gesslers des Pyrénées* étaient obligés de se découvrir; sans quoi, ils étaient rudement châtiés de leur irrévérence.

Du pont de Guran au village de Cier (ne pas confondre avec Cierp), la vallée se resserre, et l'on franchit une barrière rocheuse qui fut probablement la digue d'un ancien lac. Cier possède une belle forge à la Catalane qu'on ne visite pas sans intérêt.

A Cier, on franchit encore le torrent, et l'on

débouche dans le bassin de Luchon proprement dit. On commence à dominer la vallée, et l'on découvre au midi le majestueux rideau de montagnes qui la terminent si bien. On traverse Moustajon, et bientôt après Barcugnas, et l'on entre enfin par une belle allée de platanes dans la ville de Luchon.

BAGNÈRES-DE-LUCHON.

Il y a dans Luchon deux villes : la vieille, aux rues étroites et tortueuses; la neuve, tout entière sur le cours d'Etigny. On traverse la première qui n'offre pas grand intérêt, et l'on se hâte d'arriver à la seconde, qui est vraiment magnifique. Le cours d'Etigny est une promenade de près d'un kilomètre de longueur, bordée de tilleuls, formant deux allées latérales. Il n'y a pas soixante ans que le long de ces belles plantations se blottissaient de chétives masures. Aujourd'hui de grands hôtels et de belles maisons particulières s'alignent jusqu'aux thermes, qui s'élèvent majestueusement à l'extrémité du Cours.

La vieille ville est probablement fort ancienne. Les Romains connurent les eaux de Luchon, et l'on a découvert des pierres votives consacrées à la divinité du lieu, *Lixoni Deo*, au Dieu Lixon, d'où très certainement est venu le nom de *Luchon*.

Les Barbares probablement détruisirent à Luchon, comme dans le reste de l'Europe méridionale, ces monuments de l'époque romaine, et dans le moyen âge, de misérables cabanes durent remplacer les édifices de marbre élevés par les vainqueurs du monde. Luchon faisait alors partie du Comminges, et plusieurs fois la triste bourgade eut à subir les invasions des Aragonais et des Catalans, descendus par les ports d'Aran ou de Vénasque. Cet état de choses se prolongea durant plusieurs siècles ; et même après l'annexion du Comminges à la France, Luchon eut à souffrir plus d'une fois de son voisinage avec l'Espagne. En 1711, elle fut prise et brûlée par les troupes de l'archiduc Charles, qui disputait la monarchie de Charles-Quint au duc d'Anjou. La ville se rebâtit comme elle put, et elle continuait à végéter tristement, lorsque l'intendant d'Etigny, le créateur pour ainsi dire de tous les établissements thermaux des Pyrénées, vint la tirer de l'obscurité et de l'oubli. C'est ce fécond administrateur qui, à la place d'un mauvais sentier de montagne, établit la belle route qui aboutit à Luchon. Plus tard, le maréchal de Richelieu, lieutenant-général du roi dans la Guienne, fit pratiquer des fouilles qui amenèrent la découverte de plusieurs sources, recueillies, à leur apparition, dans des baignoires de bois de sapin. L'unique établissement thermal de Luchon ne consista longtemps encore que dans ces affreuses baignoires et dans une piscine banale, où l'on barbotait pêle-mêle, qui avec ses dartres, qui avec ses ulcères. Ce ne fut qu'un demi-siècle après Richelieu, que Bagnères-de-Luchon posséda un établissement thermal digne de ce nom. Cet édifice, construit à grands frais et achevé en 1809, passa longtemps pour la merveille des Pyrénées. Mais trente ans ne s'étaient pas écoulés, que les imperfections et les défauts se révélaient aux moins clairvoyants, et que Luchon, dont la prospérité thermale s'était prodigieusement développée durant l'Empire et la Restauration, songeait à élever un autre établissement plus en rapport avec les besoins actuels et les exigences de la thérapeutique thermale. Les travaux, commencés il y a quelques années à peine, furent poussés rapidement, sous la direction de l'ingénieur François et sur les plans de l'architecte Chambert. A l'heure qu'il est, Luchon possède le plus vaste établissement thermal des Pyrénées. On y compte près de cent baignoires, plusieurs piscines, dont une natatoire, un vaporarium, et toutes sortes de douches. Le bâtiment, composé d'une série de pavillons uniformes soudés les uns aux autres à l'extérieur, et communiquant entre eux à l'intérieur par de vastes couloirs, est situé, comme nous l'avons dit, à l'extrémité du cours d'Etigny. Il reçoit une foule de sources que l'art a été surprendre dans la roche vive, et que, bon gré, mal gré, il a conduites par de longues galeries ouvertes dans le granit, jusqu'aux bains et aux piscines, où elles tombent à larges flots. Ces galeries sont extrêmement curieuses à visiter, et elles témoignent, de la part de l'ingénieur chargé des captages, autant de constance que d'habileté. Grâces à ces prodigieux travaux, l'établissement de Luchon possède une masse énorme d'eau sulfureuse. Les sources sont au nombre de trente-quatre, et toutes varient de minéralisation et de température.

TABLEAU DES SOURCES DE BAGNÈRES-DE-LUCHON.

Nos	NOMS DES SOURCES.	Température au griffon.	Sulfuration au griffon.
		deg. centig.	gr. d'iode.
	Groupe des sources inférieures.		
1	Source de Richard inférieure....	46,30	0,1900
2	Innommée au sud du n° 1	39,25	0,1560
3	id. au sud du n° 2	37,20	0,1410
4	Grotte inférieure..............	56,20	0,2230
5	Des Romains (1)...............	53,80	0,2255
6	De l'Étuve....................	33,30	0,1140
7	Innommée au sud du n° 6	36,70	0,1880
8	Ferras inférieure..............	41,10	0,1750
9	Richard tempérée n° 1	33,10	0,0430
	Groupe des sources supérieures.		
10	Richard tempérée n° 2	42,00	0,1285
11	Richard supérieure............	51,20	0,1880
12	Azémar (2) (ancien chauffoir) ...	54,25	0,1695
13	Reine (source ancienne)	58,15	0,1770
14	Bayen (3)	67,35	0,2565
15	Grotte supérieure (anc. source)..	56,60	0,1180
16	Blanche id.	48,00	0,1210
17	Ferras supérieure n° 1..........	33,30	0,0210
18	id. n° 2..........	37,10	0,0575
19	Enceinte......................	42,50	0,1670
	Mélanges des nos 17, 18 et 19...	34,40	0,0340
20	Froide........................	16,30	0,0015
21	D'Étigny (4) n° 1..............	44,50	0,1180
22	id. n° 2..............	26,10	0,0230

(1) La source des Romains a été découverte dans les substructions des Thermes Romains; elle alimentait l'hypocauste des étuves.

(2) Azémar, ancien maire de Luchon, qui commença les recherches des eaux en 1836.

(3) Bayen, illustre chimiste du XVIIIe siècle, qui fit des travaux analytiques remarquables sur les eaux de Luchon.

(4) D'Étigny, intendant de la généralité d'Auch, qui ouvrit la route de Luchon, et planta l'avenue des bains.

N°s	NOMS DES SOURCES.	Température au griffon.	Sulfuration au griffon.
		deg. centig.	gr. d'iode.
	Groupe du Bosquet.		
	Mélange des nos 22 et 21.......	37,10	0,0670
23	La Chapelle (1)...............	36,80	0,1080
24	Du Bosquet no 1..............	44,40	0,2470
25	id. no 2..............	34,60	0,0530
	Mélange des nos 24, 25 et 26....	38,00	0,1210
	Groupe de Sengés.		
26	Sources Sengés (2) no 1........	39,75	0,1910
27	id. no 2........	31,50	0,0580
28	id. n° 3........	29,50	0,0370
29	id. no 4........	30,50	0,0690
	Groupe de Bordeu.		
30	Source Bordeu (3) no 1........	33,80	0,0320
	Mélange des sources Sengés et de Bordeu no 1..................	32,30	0,0925
31	Bordeu no 2..................	37,00	0,1280
32	id. no 2 *b*............	44,50	0,2035
33	id. no 3...............	49,30	0,2530
34	id. n° 4...............	33,50	0,1190
	Mélange des nos 31 et 34.......	42,70	0,2390
	Groupe du Pré.		
35	Source du Pré n° 1............	33,20	0,2600
36	id. no 2............	24,20	0,0650
37	id. Saline..........	18,00	»
38	Source ferrugineuse...........	26,00	»

Débit total des sources par 24 heures, 401,946 litres.

---

(1) La Chapelle, intendant de la généralité d'Auch, qui améliora les bains et l'hospice, et planta l'avenue d'entrée de Luchon.

(2) Sengés, ancien maire et médecin de Luchon, qui améliora les bains, et planta les avenues de la Pique et de Piquet.

(3) Théophile, Antoine et François de Bordeu, savants médecins, illustres praticiens des eaux sulfureuses des Pyrénées.

TARIF DES BAINS ET DES DOUCHES.

Dans les baignoires du grand bâtiment comme dans celles du bâtiment Richard, du 1er octobre au 31 mai, de 6 h. 1/2 à 10 h. du matin....... { Bains... 90c / Douches. 55

De 10 à 6 h. du soir..................... { Bains... 30 / Douches. 20

Du 1er juin au 30 septembre, dans les deux bâtiments, les rondes de 3 et 4 h. du matin....... { Bains... 60 / Douches. 40

Les rondes de 5, 10 et 11 h. 1/2............. { Bains... 90 / Douches. 55

Les rondes de 6 h. 1/2, 7 3/4 et 9........... { Bains. 1 20 / Douches. 80

Le soir, rondes de 4 h. 1/2 et 5 3/4......... { Bains... 60 / Douches. 40

Rondes de 2, 3 et 7 h................... { Bains... 90 / Douches. 55

Rondes de 8 et 9 heures................ { Bains. 1 20 / Douches. 80

Bains de pied.

Pendant l'heure du bain avec de l'eau renouvelée... 30c
En dehors de l'heure du bain................... 50

Le fermier sera tenu de se pourvoir, à ses frais, de tous les objets nécessaires pour ces bains.

Boisson.

Prix du litre bu aux sources..................... 05
   id.   transporté non bouché............... 10
   id.   transporté bouché.................. 15

Malgré le nombre de ses baignoires et de ses piscines, l'établissement thermal, durant les mois de juillet et d'août, suffit à grand'peine aux exigences du service. C'est que l'affluence à cette époque est grande à Luchon, affluence non-seulement de malades, mais encore de touristes et de désœuvrés, qui viennent demander à cette nature grandiose, les uns de nouveaux spectacles, les autres des distractions à l'ennui. Aussi, peu de cités thermales ont-elles plus de bruit, plus d'animation, plus d'entrain. Au point du jour, les rues et les promenades retentissent du galop des chevaux et des éclats de voix des caravanes qui s'acheminent joyeusement vers la montagne. Le soir, malades, désœuvrés, touristes, se rencontrent au cours d'Etigny. Quand cette foule a circulé quelque temps sous ces ombrages, quand elle a respiré l'air des régions supérieures, si pur et si réparateur après une journée étouffante, elle s'achemine, tantôt vers le bal, tantôt vers les salons communs des hôtels, charmantes succursales du casino, où l'intimité est plus grande, parce que le cercle est plus restreint.

Les hôtels sont nombreux à Luchon; nous ne signalerons que les principaux qui sont: l'hôtel du Commerce, l'hôtel de Paris, l'hôtel de Londres, l'hôtel du Parc, l'hôtel Richelieu, l'hôtel d'Espagne.

PROMENADES DE BAGNÈRES-DE-LUCHON.

Outre le *Cours d'Etigny,* Luchon possède deux autres promenades qui touchent à la ville, à l'est, l'*Allée de la Pique;* au nord, l'*Allée de Barcugnas,* toutes deux fort fréquentées. Les villages voisins sont aussi de charmants buts de promenade; nous citerons entre autres Montauban, à vingt minutes, et d'où l'on peut pousser jusqu'à la cascade de Juzet, à vingt minutes plus loin; Saint-Mamet, dont on visite l'église récemment restaurée et peinte à la fresque, et qui est encore moins éloignée de Luchon que Montauban; enfin, à trente minutes de Saint-Mamet, la pittoresque tour de Castelvieilh, ancienne tour de signaux qui surveillait, d'un côté, le port de Vénasque; de l'autre, le *Portillon*, col peu élevé qui sépare la vallée de Luchon de celle d'Aran. Au-dessus de l'établissement thermal, on trouve une jolie fontaine ombragée qu'on appelle la *Fontaine d'Amour*, et où l'on parvient par de sinueuses allées aboutissant toutes à une charmante retraite; cette ascension n'exige pas plus de vingt minutes. Dans la vallée de Larboust, on visite, à vingt minutes de l'*Allée des Soupirs*, le plateau de la *Saounère*, auquel se rattachent d'antiques souvenirs. C'est là en effet que, chaque année, se rendait le bailli de Fronsac chargé, au nom du comte de Comminges de rendre la justice aux montagnards de la vallée de Luchon. Assis sur une pierre, le juge écoutait les parties ou leurs avocats, et rendait des arrêts presque toujours dictés par le bon sens et l'équité. Si le cas était embarrassant ou obscur, le juge ordonnait le combat judiciaire, qui avait lieu ordinairement à coups de bâton. Quand les parties avaient des avocats, c'étaient ces derniers qui soutenaient la lutte à la place de leurs clients. Dans de pareilles circonstances, un bras solide était, comme l'on voit, le meilleur des titres.

L'entrée de la vallée d'Oueil, où se dresse la tour

de Castet-Blancat, et la chapelle de Saint-Aventin peuvent, pour des piétons exercés, être considérées comme des promenades. Trois heures suffisent à l'aller et au retour.

EXCURSIONS DE BAGNÈRES-DE-LUCHON.

Aucune localité thermale n'est mieux dotée que Luchon sous le rapport des grandes excursions. Placée au centre de la chaîne, cette ville est dans le voisignage immédiat des plus hauts sommets; elle est, pour ainsi dire, aux pieds de la *Madaletta*. De quelque côté qu'on se dirige, on est sûr de rencontrer des scènes grandioses ou des tableaux pleins de grâce et de fraîcheur. Les sommets qui dominent Luchon sont des observatoires, les vallées qui se déploient autour de la ville sont des oasis. Forcés de nous restreindre dans notre énumération, qui, si elle était complète, serait plus longue qu'un dénombrement d'Homère, nous ne signalerons que les courses les plus intéressantes, laissant aux guides fort communicatifs, ici comme ailleurs, le soin de combler les lacunes et de réparer les omissions.

Lac d'Oo *ou mieux de* Séculéjo.

On remonte la vallée de Larboust jusqu'au village de Cazaux, où, au lieu de se diriger vers Garen, on tourne brusquement à gauche pour aller rejoindre le village d'Oo. On peut, en passant, visiter l'église fort

ancienne et d'une architecture bizarre, ainsi que la
tour carrée qui précède le village. Le chemin s'enfonce, lorsqu'on a dépassé le village d'Oo, sous
d'épais ombrages, et l'on ne tarde pas à entrer dans
le *Plan d'Asto,* fort beau pâturage, dominé, à droite
surtout, par de fiers et menaçants sommets. Ce vallon franchi, on aborde un escarpement rocheux où
monte en zig-zag un sentier bien entretenu, et d'où
l'on découvre, à travers les branches de hêtres, le torrent qui se brise sur la roche, et qui forme plusieurs
belles cataractes. Tout-à-coup, du sommet de l'escarpement, une large nappe d'eau étincelante s'offre à
vos yeux, et en face, à l'extrémité opposée, quelque
chose comme une immense crinière blanche apparaît et semble pendre au sommet de la montagne;
c'est le lac et la cascade de *Séculéjo,* un des plus
beaux spectacles dont l'œil puisse s'éblouir. Une
barque, d'autant plus sûre qu'elle est plus lourde,
conduit sans danger les voyageurs jusqu'au pied de
la cascade qui tombe d'une hauteur de neuf cents
pieds. Elle est alimentée par un lac supérieur où
l'on parvient par un sentier en écharpe qui coupe
la montagne ; beaucoup de personnes y montent ;
le trajet se fait en une heure et demie. De ce second
lac, nommé le *Lac d'Espingo,* et qui offre peu d'intérêt, on peut gravir jusqu'à un troisième lac éloigné
de quinze minutes; de ce troisième, qui offre encore
moins d'intérêt que le second, à un quatrième plus
petit, et enfin de celui-ci au *Lac Glacé.* Mais les deux
dernières ascensions sont très rudes, et ne peuvent
être tentées que par des personnes depuis longtemps

familiarisées avec les pentes de roche et de glace. C'est un morne désert que celui du *Lac Glacé;* la vie végétale ne s'y révèle que par des mousses et des lichens et par la renoncule glaciale, fleur fort rare, qui ne se trouve que dans le voisinage des neiges éternelles.

Des bords du *Lac Glacé* on peut gagner le port d'Oo; mais cette dernière étape est encore fort pénible, puisqu'elle se fait à travers des blocs roulants et des neiges accumulées; d'ailleurs la vue qu'on a du sommet est loin de payer la fatigue de l'acension.

DURÉE DE LA COURSE :

De Luchon jusqu'au *Lac de Séculéjo*......	3 h.	
Du *Lac de Séculéjo* à celui d'*Espingo*......	1	1/2
Du *Lac d'Espingo* au troisième lac........	0	1/4
Du troisième au quatrième lac..........	1	
Du quatrième lac au *Lac Glacé*..........	2	1/4
Du *Lac Glacé* au port d'Oo.............	0	3/4
	8 h. 3/4	

Le Col de Peyresourde.

Comme on l'a vu plus bas le *Col de Peyresourde* sépare la vallée de Louron de celle de Larboust, et sert de limites à la Haute-Garonne et aux Hautes-Pyrénées. (Voir la description de la route, par la montagne, de Barèges à Luchon.) Cette route peut être faite en voiture, la route de Bigorre à Luchon étant partout carrossable, et praticable même pour des diligences légères, comme celles qui depuis l'an dernier font par cette voie le service entre les deux localités. De Luchon au sommet du col, trois heures; autant pour le retour.

Esquierry.

Le vallon d'Esquierry a été surnommé le jardin botanique de Luchon. Les botanistes s'y fixent souvent pendant plusieurs jours, et trouvent des abris pour la nuit dans les cabanes de bergers répandues en grand nombre dans ce fécond pâturage. Mais Esquierry n'attire pas seulement les naturalistes; il attire encore ceux qui aiment les riantes retraites des montagnes, ces vertes oasis qui se dérobent au pied des grandes cimes. On aboutit à Esquierry en suivant la route qui mène au lac d'Oo jusqu'au pont de Sainte-Catherine, à l'extrémité du val d'Asto. Là on franchit le torrent et l'on s'enfonce à droite, et au bout d'une heure et demie de marche, on arrive aux cabanes. Durée de la course, aller et retour, sept heures.

Superbagnères.

On remonte, pour cette course, comme pour la précédente, la vallée de Larboust, mais seulement jusqu'à Saint-Aventin. A l'entrée du village, on tourne à gauche pour franchir le torrent, après quoi l'on suit par un chemin facile un ravin qui vous conduit aux cabanes de Gouron. De ce point, on découvre, à l'entrée de la vallée d'Oueil, Sacourvielle et la tour de Castet-Blancat, et plus loin, au-delà de Luchon, Juset et Montauban. Entre les cabanes de Gouron et le sommet de la montagne s'interpose la forêt de Saage, qu'on traverse tout entière. Au débouché de la forêt on rencontre une cabane isolée très peu distante du sommet, que l'on atteint au bout de quelques minutes. C'est là, sans contredit, un des plus beaux observatoires des environs de Luchon. Les nombreuses vallées qui aboutissent au bassin principal se déploient à vos pieds, celle de Larboust, celle d'Oueil, celle du Lys, celle de Luchon qui étale ses nombreux villages, celle de la Burbe, qui découvre ses pâturages et son col boisé, celle d'Aran, dont on aperçoit quelques champs cultivés, celle du port de Vénasque enfin, avec ses gigantesques sommets. Et puis, quelle ligne ou plutôt quel cercle de montagnes! Le *Mounné*, le *Pic du Gard, Mocanère,* tous ces bastions, toutes ces tours qui semblent protéger la frontière des deux peuples, et derrière toutes ces cimes, la *Maladetta* drapée dans son manteau de glace éternelle! Enfin, quand la journée est très pure, on découvre au loin la plaine de la Garonne jusqu'à Toulouse. Durée de la course, aller et retour, huit heures.

Vallée d'Oueil et Mounné.

La vallée d'Oueil s'ouvre entre Saint-Aventin et Luchon. On franchit le torrent avant d'arriver à ce dernier village, et par un chemin assez commode on arrive à Benqué-Debat, chétif hameau qui précède le village plus populeux et plus intéressant de Benqué-Dessus, bâti, comme l'indique son nom, sur une éminence. On compte à peine un quart d'heure de Benqué-Dessus au village de Saint-Paul, duquel dépend le petit hameau de Maylen, situé sur l'autre rive de l'One ; c'est là le nom du torrent qui traverse la vallée d'Oueil. On fait une halte à Maylen, où les habitants vous montrent sur le bord du chemin des flaques d'eau, où, la nuit, pendant l'orage, courent, montant et descendant, de petites flammes pâles. Ce serait, d'après les montagnards, l'âme d'un vieil avare qui produirait cette agitation dans l'eau, image de la vie inquiète de cet homme qui, déplaçant les bornes des champs d'autrui, agrandissait démesurément les siens, sans se soucier des réclamations des malheureux dépouillés par son ardente et insatiable avidité. Telle est l'explication légendaire des feux de Maylen, dont il serait probablement très facile de donner l'explication scientifique ; nous soumettons le cas aux hommes compétents, ne voulant pas, comme tant d'autres, nous lancer dans le champ des hypothèses.

De Maylen à Mayrègne, on chemine à découvert, sans rencontrer rien de curieux sur la route ; la vallée d'Oueil n'est pittoresque que dans sa partie supérieure, et l'intérêt ne commence qu'à Mayrègne même. Ce village, le plus riche et le plus grand de cette partie des montagnes, paraît être fort ancien. Cobous, qui vient immédiatement après Mayrègne, est encore assez éloigné de Bourg, ancien chef-lieu de la vallée. Une belle forêt de sapins s'étend entre ces deux localités, et à de fréquents intervalles, on voit les moissons monter jusqu'à la lisière du bois. Bourg porte encore les traces d'une ancienne splendeur, mais d'une splendeur singulièrement déchue; quelques maisons ont jusqu'à trois étages, et une assez pauvre auberge est installée dans un vieux château, où l'on découvre des bas reliefs assez curieux. L'église est aussi fort ancienne, et on remarque sur le porche une grande pierre portant des caractères usés par le temps et devenus indéchiffrables, ainsi qu'un écusson non moins effacé et non moins indéchiffrable.

Ceux qui ne veulent que visiter le vallée d'Oueil s'arrêtent à Bourg. Mais cette excursion n'a de valeur que par l'ascension du *Mounné*. En effet, en sortant de Bourg, le pittoresque commence; on traverse un gracieux pâturage animé par le bruit d'une cascatelle, et l'on atteint, au bout d'une heure et demie de marche, le port de Pierrefitte, col élevé, d'où l'on découvre le lac de Bordères et une grande partie de la vallée d'Aure. A partir de ce point, les pentes deviennent plus raides, et il est prudent de mettre pied à terre. Mais la fatigue n'est pas de longue durée, car en moins de trois quarts d'heure on parvient à la cime de la montagne.

Du sommet, la perspective est immense, parce que le *Mounné* de Luchon, comme le *Pic du Midi* de Bigorre, se détache de la chaîne principale dont il est largement séparé. La vue n'est bornée d'aucun côté, et soit qu'on la dirige vers les gigantesques reliefs des montagnes, soit vers les horizons vaporeux de la plaine, le tableau est immense et d'une incroyable diversité. On compte non seulement tous les pics voisins de Luchon, mais on reconnaît encore tous les hauts sommets des Pyrénées; et quand on se tourne vers la plaine, on peut discerner, à l'aide d'une bonne lunette, quelques villes et de nombreux villages. Enfin, si, las de promener au loin ses regards, on les abaisse, à l'ouest, vers la base de la montagne, on découvre à ses pieds le bourg d'Arreau, où l'on peut distinguer, les jours de marché, les capulets rouges des Louronaises.

Durée de l'excursion dans la vallée d'Oueil jusqu'à Bourg, aller et retour, huit heures; prolongée jusqu'au sommet du *Mounné*, douze heures. Nous conseillons à ceux qui veulent tenter cette ascension, du reste peu fatigante et nullement périlleuse, de partir vers onze heures du soir de Luchon, afin d'assister au lever du soleil, spectacle magnifique dont rien ne saurait donner une idée.

Le Portillon et la vallée d'Aran.

On appelle *Portillon* ou *Petit Port* un passage peu élevé qui conduit de la vallée de Luchon dans celle d'Aran. On remonte, pour atteindre ce passage, le vallon de la Burbe, qui débouche près de la tour de Castelviéilh, et qu'anime, à mi-hauteur, le bruit d'une belle chute d'eau, appelée, je ne sais trop pourquoi, *Cascade Sydonie*. Un excellent chemin de montagnes s'élève par des pentes habilement ménagées sur les hauteurs de gauche, et vous conduit en deux heures, à partir de Luchon, au sommet du passage. On s'attend à un vaste panorama ; mais un épais rideau de sapins masque la vue, et ce n'est qu'après une demi-heure de descente que la vallée d'Aran apparaît avec ses villages couchés dans la plaine ou perchés sur les sommets. Pour contempler ce riche tableau, on s'arrête à la chapelle de Saint-Antoine, d'où l'on aperçoit à ses pieds Bosost et Lez, et la Garonne impétueuse, qui marque son cours par un large ruban d'écume. Sur le versant opposé, on aperçoit au haut d'une montagne le village aérien de Canéjan. Le coup-d'œil est superbe ; mais ce qui l'est beaucoup moins, c'est le chemin abrupte et presque perpendiculaire qui descend de la chapelle de Saint-Antoine à Bosost.

Ce village n'a d'espagnol que la malpropreté de ses rues presque toujours pleines de fange, même durant l'été. On y rencontre aussi, de la part de tous, jeunes ou vieux, riches ou pauvres, une mendicité sans pudeur comme sans mesure. On visite l'église de Bosost desservie par sept prêtres, bien que le village ne compte pas au-delà de cinq cents âmes de population. Le portail qui touche au clocher est surmonté d'un bas relief où grimacent de monstrueuses figures, parmi lesquelles on remarque néanmoins celles des quatre évangélistes.

Lez est un charmant village à quarante-cinq minutes de Bosost, et bâti sur une terrasse qui domine la Garonne. Il possède un établissement de bains sulfureux, auxquels il ne manque, pour être excellents, que quelques degrés de chaleur. Ils appartiennent au baron de Lez, qui possède aussi un château au pied d'une de ces tours de signaux qu'on rencontre à chaque pas dans le voisinage de Luchon. Lez se trouve sur le chemin qui conduit au *Pont du Roi*, limite peu imposante de la France et de l'Espagne. Après avoir quitté ce village, la vallée se resserre et devient une gorge, où la Garonne étranglée, elle aussi, se précipite plus rapide et plus bondissante; au bout d'une heure et demie, on atteint le *Pont du Roi*, pont neutre, pont mitoyen entre la France et l'Espagne. Sur ce point, la vallée est si étroite qu'il y a juste assez de place pour le torrent et pour la route. Le défilé se continue encore quelque temps, à travers des roches arides, jusqu'à la tour de Pimorin et le hameau de Sériailles, où se trouve un poste de douaniers français. Mais la végétation apparaît bientôt, une végétation luxuriante; de beaux arbres ombragent le chemin, et l'on ne tarde pas à découvrir sur la droite le village de Fos, dont les maisons s'étagent les unes au-dessus des autres. Le bassin de Fos est traversé par une belle route qui franchit la Garonne sur un pont de marbre; le bourg est entouré de montagnes cultivées presque jusqu'à la cime; les vignes, dans plusieurs endroits, montent jusqu'à la lisière des sapins, et ce contraste se reproduit jusqu'à Saint-Béat, pressé entre la Garonne et une haute muraille calcaire. Rien de pittoresque comme cette petite ville, jetée dans ce défilé comme une barrière. Saint-Béat fut en effet dans le moyen âge une barrière, barrière solide et jamais forcée. On l'appelle dans beaucoup de vieux titres *Clé de France.* Un vieux château défendait le bourg, et l'on aperçoit encore des murailles croulantes suspendues au-dessus de l'église ; dans ces ruines, on a, pour ainsi dire, enchassé une gracieuse chapelle en l'honneur de la Vierge ; une belle statue de marbre blanc se dresse devant l'édifice et plane majestueusement sur la ville. L'église, adossée au monticule qui porte le château, est fort ancienne. On lit, au bas du cadran placé sur le mur extérieur, cette inscription lugubre : *Ultima multis* (la dernière pour beaucoup). On exploite aux environs de Saint-Béat deux grandes carrières, l'une de marbre jaune, dite de Saint-Martin, et où l'on trouve des traces gigantesques du travail des Romains ; l'autre de marbre statuaire, qui fournit de magnifiques blocs, dont on peut voir des échantillons sur le bord du chemin, après avoir dépassé les dernières maisons de la ville.

Saint-Béat n'est éloigné de Cierp que de quatre kilomètres ; on atteint cette dernière localité, après avoir traversé le village de Marignac et un bassin entouré de superbes masses de roches, qui affectent les formes les plus hardies et les plus étranges. A droite se dresse une montagne profondément déchirée ; c'est le *Pic du Gard* aux sept pointes.

Nous arrêtons ici cette description ou plutôt ces indications ; car nous avons déjà parlé de Cierp et de la route qui conduit en deux heures de ce dernier bourg à Luchon. La course de la vallée d'Aran, avec le retour par Saint-Béat, est sans contredit une des plus intéressantes du voisinage de Luchon; elle demande une journée entière, si l'on est à cheval, deux si on est à pied; dans ce dernier cas, on doit coucher à Lez.

Port de Vénasque. — Vallée d'Artigue-Telline.

Un des plus grandioses tableaux que puissent offrir les montagnes, c'est sans nul doute la vue du port de Vénasque. Ce passage coupe la crête des Pyrénées à l'extrémité de la vallée de Luchon. Une belle route conduit jusqu'à l'hospice, maison de refuge pour les voyageurs, bâtie dans un riant pâturage et dominée de tout côté par de gigantesques sommets, où s'ouvrent, à droite, le *Port de la Glère,* à gauche, celui de la *Picade.* Là commence la véritable ascension; un sentier en zig-zag s'élève, presque toujours sur la roche nue, à travers des escarpements successifs, et après d'innombrables détours, on atteint une triste solitude où l'on découvre cinq petits lacs, dont l'eau prend je ne sais quelle teinte sinistre. On n'est plus qu'à une demi-heure du port. Le sentier se replie, de plus en plus tourmenté, et contourne un inextricable chaos de pitons et d'aiguilles rocheuses. Enfin, une étroite fissure sinueuse se présente; c'est le port même de Vénasque, c'est la limite de deux peuples, marquée juste au milieu du passage par une croix de fer. Deux pas de plus, et vous êtes en Espagne; deux pas encore, et vous allez être ébloui d'admiration. La *Maladetta* est devant vous, détachée de la chaîne; la *Maladetta*, avec sa mer de glace large de plusieurs kilomètres; la *Maladetta*, avec ses sommets prodigieux, dont le plus élevé, le *Pic de Nethou*, a longtemps passé pour inaccessible. Ce n'est pas seulement la *Maladetta* qui se découvre, c'est la longue chaîne des Pyrénées, courbée en demi-cercle, et qui semble aligner devant vos yeux une innombrable armée de pics gigantesques. Le spectacle est saisissant et l'émotion profonde.

Le retour s'effectue ordinairement par le *Port de la Picade,* qu'on atteint au bout d'une heure de marche, et par où l'on descend dans le vallon même de l'hospice. Il faut toute une journée pour cette excursion; il en faut deux, si l'on descend, soit à la ville espagnole de Vénasque, à six heures de marche du port, soit dans la vallée d'Artigue-Telline, qui n'est qu'une branche de celle d'Aran. L'excursion à Vénasque n'offre que peu d'intérêt, et l'hospitalité espagnole laisse beaucoup à désirer. La descente par Artigue-Telline est longue et fatigante; mais la peine est payée par de grands et beaux spectacles. Dans le fond de la vallée se trouve la source de la Garonne, connue dans le pays sous le nom de *Source de Joueou*. L'eau sort de la roche par plusieurs jets qui, réunis, ne tardent pas à former une rivière. S'il faut en croire les récits des habitants, cette eau ne serait autre que celle de la *Maladetta,* qui, se perdant de l'autre côté de la montagne, dans un gouffre appelé le *Trou du*

Taureau, viendrait, en traversant la chaîne, surgir sur le versant opposé. (*)

Après avoir visité la source de la Garonne, on poursuit sa route jusqu'à l'ermitage d'Artigue-Telline, station assez confortable, où l'on trouve des provisions toujours abondantes, et ce qui n'est point à dédaigner sur la terre d'Espagne, un gîte passable pour la nuit. On peut à la rigueur aller coucher plus loin, à Las-Bordes ou Dastet-Leon, ancien chef-lieu de la vallée d'Aran, dépossédé par le bourg plus central de Vielle, à deux heures et demie de marche. Vielle est entouré d'une foule de villages, et occupe le milieu d'un large et fertile bassin. On peut le visiter, et l'on ne se repentira pas de cette pointe sur la capitale de la vallée, qui, indépendamment du paysage, offre à la curiosité de l'étranger une église assez remarquable, un beau pont, quelques maisons d'une architecture originale, des ruines fort anciennes, et enfin un petit fort qui donne à la ville un air martial contrastant d'une façon singulière avec le paysage qui l'encadre. En quittant Vielle pour retourner à Las-Bordes, on rencontre les restes du couvent de Migt-Aran bâti sur l'emplacement d'un autel païen consacré au Dieu Aram, d'où la vallée tire son nom. Puis vient Aubert, triste et sale village, d'où l'on gagne Las-Bordes déjà visité, et enfin Labourdette, où laissant la grande route, l'on prend sur la gauche, pour s'élever par un sentier assez raide

(*) Voir *Les Pyrénées Illustrées*, chez les mêmes éditeurs.

jusqu'au *Pas de la Bareste,* bien connu des contrebandiers français et espagnols, et témoin de plus d'une lutte sanglante. Enfin, en traversant le *Plan d'Aygue-Vère* (eau pure), on parvient au sommet du *Portillon,* d'où l'on rejoint Luchon par le vallon de la Burbe. La course du port de Vénasque et du *Port de la Picade,* avec retour par la vallée d'Aran, remplit deux grandes journées.

La Maladetta.

L'ascension à la *Maladetta* et au *Pic de Nethou,* le plus haut sommet des pyrénées françaises et espagnoles, n'est pas une simple excursion; c'est un voyage de trois jours, qui ne pourrait être accompli par tout le monde, et qui, pour être effectué sans danger et avec profit, réclame des circonstances atmosphériques toutes particulières. Les touristes ne l'entreprennent qu'au mois d'août, et en prenant toutes sortes de précautions. La première et la plus indispensable, c'est d'être accompagné de guides sûrs, qui aient déjà fait la course de la *Maladetta.* Pendant longtemps cette montagne, justement nommée la *maudite,* fut un objet d'épouvante pour les montagnards de Luchon, nullement familiarisés avec les pentes glacées. Cette épouvante, il faut le reconnaître, n'était que trop justifiée, car plusieurs fois des montagnards avaient roulé dans des abîmes. C'est, il y a quelques années seulement, qu'enhardis par l'exemple que leur donnaient de hardis voyageurs aguerris sur les glaciers des Alpes, que les guides du pays ont enfin osé aborder cette *mer de glace* tant redoutée des chasseurs d'isards eux-mêmes. A partir du jour où leur pied se hasarda sur cette glace vierge, le chemin de la *Maladetta* fut trouvé, et le pic de *Nethou*, longtemps réputé inaccessible, fut foulé par d'autres pieds que ceux de l'isard et du bouquetin. Ce furent un Russe et un Français qui atteignirent les premiers, il y a une quinzaine d'années, la crête la plus élevée de la *Maladetta*. Depuis lors, tous les étés, quelque intrépide touriste gravit la montagne *maudite*. Avant d'atteindre à son sommet, il faut faire plus d'une ascension et opérer plus d'une descente. On part ordinairement de Luchon de grand matin; on se dirige vers le port de Vénasque, que l'on franchit sans s'arrêter. De là, on descend jusqu'à un grand vallon, le Plan des Etangs, qui sépare la *Maladetta* de la chaîne principale; on le remonte jusqu'à la *Bencluse* où l'on passe la nuit sous l'abri d'un rocher qui surplombe. Puis le matin suivant, on aborde la montagne elle-même, et soit par la *mer de glace*, soit par une série de crêtes rocheuses, on parvient, non sans de rudes efforts, au sommet de ce gigantesque observatoire. On a sous ses pieds tout l'Aragon, et à droite et à gauche toute la chaîne des Pyrénées. Le soir, on revient coucher à la *Bencluse*, et le troisième jour, on est de retour à Luchon bien avant la nuit.

Vallée du Lys.

Le val du Lys s'ouvre à peu près en face de la tour de Castelvieilh, bâtie, comme nous l'avons dit, sur une éminence, au débouché du vallon de la Burbe. Le nom de val de Lys lui vient d'un grand nombre de lis martagons qui couvrent les prairies. Ce qui fait le principal attrait de cette solitude, ce sont les nombreuses chutes d'eau qui l'animent, et que, par je ne sais quel étrange caprice, on a débaptisées de leurs vieux noms montagnards, pour leur imposer des noms de personnes, dont quelques uns rappellent des gloires scientifiques, mais dont la plupart ne sont que de tristes avances faites à des vanités ou à des prétentions locales. Une des plus remarquables de ces chutes est celle d'*Enfer*, entourée de grands blocs sur lesquels, sans apparence de terre végétale, croissent des chênes, des hêtres et des tilleuls. Le fond de la vallée du Lys forme un grand cirque, dominé par des montagnes fièrement taillées, et la plupart cuirassées de glaces éternelles. Durée de la course, aller et retour, six à sept heures.

Vallée de Barousse.

Nous avons entrevu la Barousse en nous rendant de Bigorre à Luchon par Montréjeau; elle s'est révélée à nous par le gracieux bassin de Loures et de Saléchan, et par plusieurs charmants villages qu'elle pousse jusques dans la plaine de la Garonne. Nous avons remarqué entre autres Sainte-Marie, à moins de vingt kilomètres de Montréjeau, à vingt-sept de Luchon. Sainte-Marie possède, ainsi que Siradan, qui est à deux pas, un bel établissement d'eaux minérales, où l'on trouve de vastes logements et une hospitalité qui ne laisse rien à désirer. Les sources sont chauffées artificiellement, et n'en sont pas moins salutaires dans un grand nombre de maladies nerveuses. Elles sont fréquentées pendant presque toute l'année, et durant le cours de la saison thermale, beaucoup de personnes qui redoutent le bruit et l'agitation des grands centres thermaux, viennent se confiner dans cette paisible et douce retraite. De Sainte-Marie on pénètre dans le cœur de la de la Barousse par une gorge étroite, et par un chemin assez beau qui côtoie les flancs du Ger de Troubat, montagne calcaire dont les pentes abruptes se revêtent au printemps d'une foule de rares et charmantes fleurs. Le chemin de Sainte-Marie rejoint la grande route de la Barousse, non loin de Mauléon, chef-lieu de la vallée. Ce bourg est fort pittoresque; un vieux château féodal, transformé en maison bourgeoise, se présente à l'entrée, et baigne le pied de ses murailles dans les eaux de l'Ourse. On visite à quelques minutes de Mauléon, une belle cascade, précédée d'un pont naturel qui joint les deux côtés d'un vallon, par une arche dont l'ellipse est fort correctement dessinée. (*) A Mauléon, la vallée se

---

(*) Voir *Les Pyrénées Illustrées*, chez les mêmes éditeurs.

bifurque; l'une des branches se dirige vers Ferrère, où l'on trouve un établissement de bains peu fréquentés, et qui porte le nom de Châlets-Saint-Nérée. L'autre branche remonte jusqu'à la base des montagnes; là se trouve le village de Sost, dont les marbres blancs n'attendent, pour être plus largement exploités, qu'une route plus sûre et plus commode. La voie praticable aux voitures s'arrête à Mauléon; celle qui monte à Sost, affreusement ravinée, ne donne passage qu'à des charriots qui, à grand renfort de bœufs, ont toutes les peines du monde à conduire jusqu'à Mauléon les blocs de marbre et les troncs de sapins. On visite au-dessus de Sost un superbe tumulus qui domine fièrement la vallée, et où des fouilles récentes ont amené la découverte d'une foule d'objets intéressants, tels que fers de lance et mors de chevaux.

De Mauléon, on descend la vallée par un chemin fort beau. Le paysage est charmant, et le gracieux et le sauvage s'y mêlent et s'y confondent. Les vignes, sur une foule de points, touchent aux sapins, et la forêt est partout échancrée par de riches cultures. On traverse de nombreux villages, tels que Troubat, dont le vin jouit d'une certaine réputation dans la vallée; Bramebaque, qui montre de loin les débris de son château où, suivant la tradition, la charmante, mais volage épouse d'Henri IV, Marguerite de Valois, aurait été confinée assez longtemps pour quelques peccadilles d'amour; Sarp, dont les belles filles vous regardent passer en souriant; enfin Loures, où des auberges fort propres vous invitent à entrer; nous vous y invitons, nous aussi, bien sûr que vous n'aurez pas à vous plaindre de l'hospitalité villageoise. Le retour à Luchon s'effectue par la grand'route; et parti le matin de Luchon le touriste revient le soir, enchanté d'une course qui a si bien occupé, si bien rempli une journée tout entière.

Saint-Bertrand de Comminges.

Cette antique métropole des Convènes *(Lugdunum Convenarum,* Lyon de Comminges), cette ville épiscopale, rebâtie par Bertrand de l'Isle avec les débris de la cité romaine renversée par les barbares, s'élève aujourd'hui, solitaire et délaissée, sur un contrefort des montagnes, au-dessus de la fertile plaine de la Garonne et du ravissant bassin de Loures et d'Izaourt. On y aboutit, en venant de Luchon, par l'un ou l'autre de ces villages. Un édifice massif la signale de loin à l'attention du voyageur. C'est l'église, curieux monument, où tous les âges de l'architecture s'échelonnent aussi bien que tous les styles. Romaine par sa base, la cathédrale de Saint-Bertrand est purement gothique au sommet et dans les assises intermédiaires. Elle fut commencée par saint Bertrand dans le XIIe siècle, et achevée par Hugues de Châtillon vers le milieu du XIVe. De loin, elle produit, flanquée de sa tour massive, l'effet d'une citadelle plutôt que d'une église. Mais une fois qu'on a pénétré dans l'enceinte, l'impression est tout autre. C'est bien là une église, une église du moyen âge. L'ogive aiguë des fenêtres, les sculptures grimaçantes des boiseries, les blanches statues de marbre couchées sur les tombeaux, les caractères à demi effacés qui s'aperçoivent encore sur les dalles, les vitraux ternis qui tamisent la lumière, tout reporte involontairement l'esprit à ces jours où la foi était si grande, mais si profondément attristée. L'église de Saint-Bertrand est, sous le rapport archéologique, un véritable musée. On y admire le tombeau du fondateur, celui de Hugues de Châtillon, la boiserie du chœur, pleine de détails naïfs et d'inventions bizarres; celle de l'orgue, travail de pure ornementation dû au ciseau de Bachelier, sculpteur toulousain du XVIe siècle. Le trésor de l'église renferme, entr'autres objets curieux, le bâton pastoral de saint Bertrand, la crosse de cuivre récemment retrouvée d'un prélat du XIIIe siècle, et la chappe de Bertrand de Got (Clément V), qui, avant d'être pape, avait été évêque du Comminges. On montre encore, appendue à la voûte, la peau d'un serpent dont saint Bertrand aurait délivré le pays.

La ville n'est pas moins curieuse que l'église. Bâtie comme nous l'avons dit sur une éminence, elle est entourée encore de remparts, dont les premières assises sont toutes romaines. Avant d'avoir été détruite par les Francs, elle s'étendait bien au-delà de l'enceinte actuelle, dans l'espace compris entre la colline et le village de Valcabrère. Pompée l'aurait fondée ou agrandie à son retour d'Espagne, et y aurait établi ou parqué, avec les débris des légions de Sertorius, quelques-unes des peuplades les plus turbulentes des Pyrénées. Dans le VIe siècle de notre ère, Lyon de Comminges était encore florissant, lorsque les Francs se ruèrent contre ses remparts. (*) Le choc fut terrible, et la ville romaine fut engloutie dans une épouvantable catastrophe. Elle ne sortit de ces ruines que six siècles après, et ce fut Bertrand de l'Isle, devenu évêque du Comminges, qui la releva et en fit le siége de son évêché. Les débris romains furent employés à la construction de la nouvelle ville, débris que l'on reconnaît partout, dans le portail de l'église comme dans le mur d'enceinte. A l'une des portes de la ville, celle de Cabirolle, on distingue la louve, ces armoiries parlantes de Rome. Non loin de cette porte, on montre la roche d'où fut précipité le Franc Gondebaud ou Gondobald.

Pour le simple touriste, une journée passée à Saint-Bertrand suffit à peine pour visiter tout ce que la ville renferme d'intéressant ; pour l'archéologue, ce n'est pas trop d'une semaine. Il y a là tant de pierres à déchiffrer et tant de problèmes d'art ou d'histoire à résoudre !

Si l'on ne veut que voir en courant Saint-Bertrand et sa basilique, on peut accomplir ce pélerinage en une journée, et l'on peut rentrer à Luchon le soir même. Mais on n'aura qu'entrevu les objets, et au lieu d'idées nettes et précises, on n'emportera dans sa tête qu'un fourmillement d'images confuses et désordonnées. Une journée entière pour le moins

---

(*) Voir *Les Pyrénées Illustrées*, chez les mêmes éditeurs.

doit être consacrée à la ville et à ses environs. La course de Saint-Bertrand peut être faite en même temps que celle de la Barousse, et de cette manière on fait une double économie : économie de temps, économie d'argent. Il y a un hôtel passable à Saint-Bertrand, c'est celui de Lyon de Comminges.

L'Entecada.

Nous allions oublier une magnifique excursion où les guides de Luchon ne conduisent les étrangers que depuis quelques années. Cette excursion, c'est celle de l'*Entecada*. On appelle ainsi une haute croupe gazonnée, faisant suite à d'autres croupes moins hautes, et admirablement placée pour servir d'observatoire, sur le contrefort qui sépare la vallée de la Pique de celle d'Aran. Pour parvenir à l'*Entecada*, on se dirige vers le vallon de l'Hospice, où l'on prend sur la gauche du *Port de la Picade;* un sentier assez raide conduit jusqu'à des pâturages fréquentés par les troupeaux espagnols. Après avoir franchi une suite de mamelons étagés les uns au-dessus des autres, on aborde enfin celui de l'*Entecada*, qui forme un des points culminants du contrefort. Je doute qu'il y ait dans les environs de Luchon un observatoire d'où le tableau soit plus large et plus saisissant. A vos pieds se déploie la vallée d'Aran tout entière; on y discerne à la fois quatorze villages; la *Maladetta* montre toute sa partie supérieure jusqu'à la base du grand glacier. A l'orient se dressent les montagnes de l'Ariége; on distingue l'ouverture du val d'Andorre, et quand le ciel est pur, le *Canigou* se montre à l'extrémité de la chaîne. Du côté de l'ouest apparaissent les crêtes glacées de *Crabioules* et d'Oo et les cimes principales des Hautes-Pyrénées, parmi lesquelles se détachent le Pic du Midi et le *Vignemale*. Nous recommandons cette course de préférence à beaucoup d'autres, d'autant plus qu'elle n'est ni fort longue ni fort fatigante. Elle peut être accomplie, aller et retour, en sept ou huit heures. De l'*Entecada* on peut gagner le *Portillon*, et revenir à Luchon par le vallon de la Burbe, ou bien descendre au village de Bosost, d'où l'on se dirige vers le *Pont du Roi* et vers Saint-Béat ; en suivant cette dernière route on peut être rentré le soir même à Luchon, après treize ou quatorze heures de marche.

Il est une foule d'autres excursions que l'on peut faire dans les montagnes voisines de Luchon ; toutes ont leur intérêt propre et des attraits divers. Nous citerons entr'autres une visite à *Cazaril d'eres pennes* (Cazaril des sommets), village aérien, littéralement suspendu au-dessus des abîmes, entre la vallée d'Oueil et celle de Larboust ; une autre visite à Gouaux, village voisin du *Col de Peyresourde*, tout aussi aérien que le premier, mais plus riant et entouré de vertes pelouses ; une course au sommet de *Bocanère*, d'où l'on embrasse à la fois toutes les branches de la vallée d'Aran et toutes celles de la vallée de Luchon; une ascension au sommet du *Pic du Gard,* montagne au-dessus de Saint-Béat qui fait promontoire sur la chaîne, et d'où l'on plonge sur tout le bassin de la Garonne; enfin la plus pénible et la plus périlleuse tentative que l'on puisse faire dans les Pyrénées, c'est cette longue et périlleuse pérégrination aux *Quinze Lacs,* qui vous conduit du port d'Oo au port de Clarabide, dans le Louron, à travers les pentes les plus affreuses et les crêtes les plus dévastées. Cette dernière excursion exige trois jours; les autres ne prennent pas une journée tout entière.

Telles sont les principales courses que les touristes peuvent faire en rayonnant autour de Luchon, sans compter une foule d'autres que le hasard révèle; car ici chaque sommet est un observatoire, et chaque vallon a son mystère.

COUP-D'ŒIL

SUR LES

ÉTABLISSEMENTS THERMAUX

DE L'ARIÉGE

ET DES PYRÉNÉES-ORIENTALES.

Nous avions eu l'intention de limiter ce *Guide* aux établissements thermaux des Pyrénées centrales; mais, ayant poussé nos excursions jusqu'aux bords de l'Océan, nous avons cru que nous ne pouvions nous dispenser d'aller jusqu'à la Méditerranée, avec d'autant plus de raison que dans cette partie de la chaîne, grandissent et se développent chaque jour de nombreuses stations de bains, telles que Ax, dans l'Ariége, et le Vernet et Amélie-les-Bains, dans le Roussillon. Nous tracerons donc un itinéraire pour les voyageurs qui, de Luchon, désirent se rendre dans quelqu'une de ces localités.

De nombreuses diligences partant tous les jours de Luchon conduisent les voyageurs, en passant par Saint-Gaudens, jusqu'à Portet, situé au confluent de la Garonne et de l'Ariége. Là, on s'arrête et l'on attend quelqu'une des nombreuses voitures qui font le service entre Toulouse et Foix. A partir de Portet, la route, après avoir franchi la Garonne, suit la rive gauche de l'Ariége jusqu'à Saverdun, où elle saute brusquement sur la rive droite. On atteint ainsi Pamiers, avenante petite ville, bâtie dans une plaine fertile, et entourée de vignobles. Enfin, après avoir traversé une autre petite ville, non moins gracieuse que Pamiers, Varilhes, on ne tarde pas à découvrir la vieille et sombre capitale des états de Gaston Phœbus. Foix, qui compte à peine 5000 âmes de population, est un morne séjour; les rues sont étroites et tortueuses, et la ville est entourée de hauteurs nues qui la couvrent d'ombre et de tristesse ; elle n'a ni avenues ni places publiques. Cependant Foix ne manque pas d'un certain intérêt, surtout pour l'archéologue. Le vieux château comtal, bâti sur le sommet d'un rocher et transformé aujourd'hui en prison départementale, élève encore au-dessus de la vieille cité trois tours, dont la plus haute, le donjon, fut bâtie, dans le milieu du XIVe siècle, par Gaston Phœbus, le grand bâtisseur ou le grand restaurateur de châteaux. Mais l'antique édifice est singulièrement gâté par les constructions modernes qu'on a soudées, tant bien que mal, à ses lourdes et fortes murailles. Le palais de justice, élégant morceau d'architecture du XVe siècle, se trouve au bas du rocher qui supporte le château; il mérite de fixer l'attention des connaisseurs. La principale église de Foix, celle de Saint-Volusien, ne se recommande que par son antiquité; le gothique y est sans grâce et sans originalité.

A partir de Foix, la vallée de l'Ariége, quoique dépouillée d'arbres, n'en est pas moins fertile, et elle étale avec une espèce d'orgueil ses vignes et ses moissons. Les hautes montagnes sont encore éloignées, et leur influence ne se fait pas sentir sur les cultures. A Tarascon, petite ville que l'Ariége coupe en deux, débouchent plusieurs vallées latérales, entr'autres celles de Vicdessos, qui s'ouvre à droite, et dans laquelle se trouve la belle mine de fer et les belles forges de la Rancié. Une excursion dans cette vallée est de rigueur pour les étrangers qui viennent faire usage des bains d'Ussat, bourg thermal situé à environ deux kilomètres de Tarascon.

USSAT.

Ussat, dans un site pittoresque, sur les bords de l'Ariége, possède un établissement construit sur la rive gauche de la rivière. Chaque baignoire, enfoncée dans la terre, et formée de plaques d'ardoise, reçoit l'eau d'un griffon particulier, et il y a autant de baignoires qu'il y a de griffons. Une source unique, à ce qu'il paraît, les alimente toutes. Une buvette, assez suivie, reçoit l'eau d'une autre source beaucoup moins considérable que celle des bains. Des malades appartenant aux départements méridionaux, et même des malades parisiens, fréquentent ces bains, recommandés surtout pour leurs qualités calmantes et fortifiantes. On trouve à Ussat de bons hôtels bien pourvus, et dans les maisons particulières des logements qui laissent peu à désirer sous le rapport de la commodité et du confort.

En sortant d'Ussat, la route se tient encore sur la rive gauche de l'Ariége; bientôt la vallée s'infléchit vers l'est, comme repoussée par la base gigantesque du mont Saint-Barthélemy. Ce pic, un des plus hauts de cette partie de la chaîne, est couvert, dans le voisinage de sa cime, de neiges et de glaces éternelles. De son sommet, la vue s'étend au nord sur toute la plaine de l'Ariége et de la Garonne jusqu'à Toulouse, à l'est sur Roussillon et toutes ses plaines, avec la Méditerranée à l'horizon, et au midi sur toutes les vallées qui viennent se confondre avec celle de l'Ariége, et plus loin, dans la même direction, sur le Montcalon et les hauts sommets du val d'Andorre.

A partir du pont de Gudane jeté sur le torrent de l'Aston, qui s'échappe de la haute chaîne qui sépare Andorre de la France, le paysage prend un caractère plus romantique; des ruines de vieux châteaux apparaissent sur les hauteurs, et parmi ces débris des anciens jours, l'œil distingue celui de Lordat, non loin du bourg de Cabannes. Mais à côté de ces ruines mortes, l'industrie étale ses merveilles vivantes; de nombreuses forges animent de leurs bruits cette partie de la vallée, et l'on arrive, ramené invinciblement du passé au présent, à Ax, petite ville serrée entre deux branches de l'Ariége, celle d'Orbe et celle de Puymorin, et adossée à une foule de pitons granitiques.

AX.

Ax, qui compte environ deux mille habitants, possède de nombreuses sources sulfureuses depuis longtemps exploitées, et qui furent certainement connues des Romains. Elles sont au nombre de cinquante-trois, toutes diverses de chaleur et de minéralisation. Elles alimentent trois établissements; le plus moderne des trois se fait remarquer par l'élégance de son architecture, et il est fréquenté par les malades riches; les deux autres, celui de Teix et celui de Couloubret, ne reçoivent que les malades de la classe inférieure. Le premier est fort suivi, le second presqu'entièrement abandonné.

Aucune autre localité thermale ne possède des sources d'une température aussi haute; deux de ces sources atteignent 70 degrés centigrades, et celle des Canons s'élève jusqu'à 75,50.

Ax est une vieille ville, aux maisons noires, aux rues tortueuses; les hôtels seuls ont quelque apparence, ainsi que les hôpitaux, dont l'un est affecté aux militaires. On peut faire autour d'Ax une foule d'excursions dans les vallées voisines, notamment dans celle d'Andorre, petite république qui date de plusieurs siècles, et qui, sous la tutelle de la France et de l'Espagne, maintient son antique indépendance et sa liberté patriarcale. Trois jours suffisent à cette excursion.

D'Ax une route assez facile conduit jusqu'à Perpignan, par la ville espagnole de Puycerde, qui touche à la frontière, et par la riante et belle vallée de la Tet.

La vallée de l'Ariége, lorsqu'on a dépassé Ax, se resserre, dominée à droite et à gauche par de hautes et sombres montagnes; elle s'élargit bien encore; mais c'est un triste bassin que celui qu'on traverse, et l'on en sort bientôt pour gravir par un abrupte sentier jusqu'à l'Hospitalet, chétif hameau, où l'on rencontre pourtant une auberge assez bien pourvue. A une heure et demie plus haut, se trouve le port de Puymorin, bien moins élevé et moins périlleux que les passages ouverts dans les Pyrénées centrales; et ce col franchi on descend par le versant méridional des montagnes dans la vallée de Carol, solitude désolée, où l'on rencontre deux hameaux, tout aussi misérables que l'Hospitalet, Porté et Porta, au-delà desquels se dressent les ruines du château de Carol, bâti par les Maures, s'il faut en croire la tradition du pays. Ces ruines, qui occupent le sommet d'un roc granitique, et ont un aspect sévère, s'harmonisent parfaitement avec la sombre majesté du paysage. Bientôt après avoir dépassé ce château, on parvient au village de Courbassil, d'où l'on gagne celui de la tour de Carol, qui n'est qu'à quelques centaines de mètres de la frontière, et à trois kilomètres et demi de la ville de Puycerda.

Puycerda, capitale de la Cerdagne espagnole, est une petite ville fortifiée, qui ne compte guère plus de trois mille habitants. Une route facile conduit à travers une riche plaine, où la végétation est toute méridionale, jusqu'au village français d'Escaldas, dont les thermes reçoivent de nombreux baigneurs venus du Roussillon et de la Catalogne.

ESCALDAS.

Escaldas est situé dans un des coins les plus favorisés de cette belle plaine de la Cerdagne. Ce bourg thermal est à une lieue environ de Livia, petite ville espagnole enclavée, on ne sait par quelle convention bizarre, dans le territoire français, et se trouve à la même distance à peu près de Bourg-Madame. Escaldas a, sur la plupart des localités thermales des Pyrénées, cet avantage inappréciable, que le traitement des maladies peut y être continué durant l'hiver, sans qu'il en résulte le moindre inconvénient; car la température y est constamment fort douce.

Deux beaux établissements, entourés de jardins presque toujours en fleurs, offrent aux étrangers des logements commodes et confortables. Ces thermes, alimentés par des sources sulfureuses d'une minéralisation peu forte, sont recommandés dans les affections cutanées et les rhumatismes aigus ou chroniques. Ils sont fréquentés, non seulement par les habitants du pays, mais encore par de nombreux étrangers et par de riches familles espagnoles, ce qui produit, soit dans le costume, soit dans le langage, des contrastes heurtés, qui ne laissent pas d'avoir leur charme.

D'Escaldas, on peut rayonner dans toute la Cerdagne française, aussi bien que dans la Cerdagne espagnole, et par les cols de Rida et de la Perche, descendre dans la vallée de la Tet, séparée de la Cerdagne par un superbe rideau de montagnes. Du premier de ces passages, la vue s'étend au loin sur la belle vallée de la Sègre. Le second, à travers des terrains encombrés de blocs et de débris, conduit à Montlouis, petite ville fortifiée, à trois kilomètres environ du défilé. Montlouis, situé à plus de 1500 mètres d'altitude au-dessus du niveau de la mer, fut construit par Vauban pour protéger le Roussillon du côté de la Cerdagne. C'est un triste séjour, et le climat y est fort rude.

THUEZ.

Une route commode descend de cette ville dans la vallée de la Tet, au village de Thuez, où se trouvent deux sources sulfureuses, dont les habitants du pays sont seuls à faire usage. De Thuez, site sauvage, on gagne Olette, pressée entre une montagne et la rivière de la Tet. A quelque distance d'Olette, la route saute sur la rive droite de la rivière, et traverse un pays accidenté, où les tableaux se succèdent avec une infinie variété de formes et de couleurs.

VILLEFRANQUE.

C'est à travers ces paysages, tour-à-tour sévères et romantiques, qu'on parvient à Villefranque, miniature de place forte bâtie par je ne sais plus quel comte de Roussillon, et reconstruite du temps de Louis XIV. Deux rues, qui se dirigent dans le sens de la vallée, et qui sont bordées de hautes maisons, composent Villefranque, espèce de barrière destinée à fermer l'embouchure de deux vallées s'ouvrant juste en face de la ville. On visite à Villefranque une immense grotte tapissée de superbes stalactites, et l'église formée de deux vaisseaux d'inégale grandeur, accouplés et soudés en quelque sorte l'un à l'autre, et ayant chacun son portail roman. Le voyageur curieux des belles scènes de la nature et des vieux monuments de l'art, peut faire, à deux ou trois kilomètres, une excursion intéressante dans la vallée de Conat, jusqu'au village du même nom, où il admirera le porche élégant d'une église romane décorée de beaux chapiteaux et de gracieuses palmettes.

LE VERNET.

A quatre ou cinq kilomètres de Villefranque, dans la direction du Canigou, et pour ainsi dire à la base même de cette fière montagne, se trouve le célèbre établissement thermal du Vernet, qui, comme Amélie-les-Bains, a pris depuis quelques années un développement extraordinaire. C'est des flancs mêmes du Canigou que s'échappent les quatre sources qui alimentent les thermes du Vernet. Toutes sont sulfureuses, à des degrés divers de température et de minéralisation. Trois alimentent les baignoires, et une quatrième est uniquement administrée en boisson. L'énergique efficacité de ces eaux est constatée depuis longtemps, et elle a reçu, pour la guérison des plaies, une sanction définitive par la création d'un hospice militaire, destiné surtout aux blessés d'Afrique dirigés en grand nombre sur cette localité thermale.

Le Vernet, qui comptait, il y a quelques années à peine, de chétifs abris pour les malades du voisinage, offre aux étrangers de belles et grandes maisons, construites, les unes sur la place publique, les autres sur l'avenue des bains. Toutes sont propres et commodes; quelques-unes sont magnifiques, et l'on trouve dans ces dernières tout le confort et tout le luxe désirables. Les hôtels sont nombreux et bien tenus, et le service s'y fait avec un soin et une régularité qu'on ne s'attendrait pas à trouver au pied d'une des plus hautes et des plus abruptes montagnes des Pyrénées.

Le village du Vernet, qui s'élève sur un mamelon, domine un bassin fertile, où les sites abondent et où les buts de promenade sont aussi nombreux que variés. Parmi ces excursions, il en est une qui à l'intérêt du paysage joint celui des souvenirs; nous voulons parler de Saint-Martin-du-Canigou, antique abbaye ruinée, qui date du XIe siècle.

LE CANIGOU.

L'ascension au *Canigou* est longue et fatigante. On croyait, il n'y a pas cent ans encore, que le *Canigou* était la plus haute cime des Pyrénées. Aujourd'hui, grâces à des calculs irrécusables, la hauteur des principaux sommets de la chaîne a été déterminée de la manière la plus exacte, et le *Canigou* est descendu au second rang, où il se trouve avec le Pic du Midi de Bigorre. La hauteur de ces deux montagnes n'atteint pas 3,000 mètres, tandis que celle du *Vignemale*, du *Mont-Perdu* et de la *Maladetta* est de beaucoup supérieure. L'excursion au *Canigou*, en partant du Vernet, exige deux jours. Du sommet la perspective est immense; toute la chaîne se déploie, et la Méditerranée, à peine éloignée de quelques lieues, miroite pour ainsi dire à vos pieds; c'est grand comme une genèse, c'est splendide comme un mirage!

MOLITG et VINÇA.

En descendant la vallée de la Tet, de Villefranque vers Perpignan, on rencontre une foule d'autres stations, moins renommées sans doute que le Vernet, mais qui ne laissent pas d'avoir leur utilité et leur charme. Nous citerons entr'autres les bains de Molitg, sur un plateau entouré de prairies et de jardins, et ceux de Vinça, riante petite ville, non loin de laquelle s'ouvrent, comme de fécondes oasis, les vallons de Saint-Michel et de Feuilla. Les eaux de cet établissement, employées avec succès dans les maladies de la peau, se prennent surtout en boisson.

Mais le département des Pyrénées-Orientales possède encore dans la vallée du Tech des établissements thermaux qui ne le cèdent en rien aux précédents. Cette vallée, non moins belle que celle de la Tet, débouche à 22 kilomètres au sud de Perpignan, à la petite ville de Boulou, près de laquelle on abandonne la route qui conduit à Figuières, en Espagne, pour s'enfoncer à droite dans le bassin du Tech. On arrive, en suivant la rive gauche, à Céret, chef-lieu de sous-préfecture, où l'on traverse la rivière sur un pont d'une seule arche, élevée de 29 mètres au-dessus du niveau des eaux, et dont l'ouverture est de 44 mètres. Ce pont, qui repose sur deux rochers, est un des plus hardis que l'on puisse imaginer; il apparaît de loin comme un ruban de pierre, et le peuple en attribue la construction au diable, qui l'aurait bâti dans une seule nuit. A partir de Céret, qui n'offre d'ailleurs aucun autre monument digne d'intérêt, la route suit la rive droite, et après avoir traversé le village de Pallada, où l'on a découvert des médailles et des monnaies celtibériennes, elle atteint, au bout de deux heures de marche environ, le fort Les-Bains, qui se montre de loin perché sur une haute colline.

AMÉLIE-LES-BAINS.

Au pied de ce château s'étend un village qui grandit chaque jour, et qui ne tardera pas, le temps et la vogue y aidant, à devenir une petite ville. Ces thermes, connus autrefois sous le nom de bains d'Arles, s'appellent aujourd'hui Amélie-les-Bains, et paraissent appelés à une grande prospérité. Il n'y a pas longtemps encore, ces sources étaient réunies dans un vieux bâtiment à proportions presque colossales, et elles n'alimentaient que des piscines voûtées, en rapport avec la grandeur de l'édifice. Aujourd'hui des baignoires élégantes et commodes s'offrent aux nombreux malades qui viennent demander la guérison ou le soulagement aux sources d'Amélie-les-Bains. Ces sources sont très nombreuses; mais plusieurs d'entr'elles demeurent inexploitées. Elles sont prescrites pour une foule d'affections, notamment pour les maladies cutanées, les rhumatismes et la cicatrisation des plaies et des blessures. Le climat aide singulièrement aux bons effets des eaux et fait de cette localité une des plus agréables stations thermales, surtout durant les mois d'hiver. Amélie-les-Bains compte déjà un grand nombre de belles maisons, et le voisinage de la petite ville d'Arles sur Tech, à peine éloignée de deux kilomètres, permet aux baigneurs de se procurer un confort qu'on ne rencontre pas toujours dans les montagnes. Depuis quelques années, Amélie-les-Bains possède un hôpital militaire, où sont évacués un grand nombre de blessés d'Afrique.

LA PRESTE.

A vingt-deux kilomètres environ d'Arles se trouvent les bains de la Preste, situés non loin des sources du Tech, dans un étroit vallon entouré de toute part de hautes montagnes. Le site d'Amélie-les-Bains est gracieux et riant, celui des thermes de la Preste est âpre comme les sommets qui le dominent. On arrive à ces bains par une gorge étroite et sinueuse : tout est sévère dans cette solitude; mais on se familiarise bientôt avec cette nature attristée, à laquelle on finit même par trouver des charmes.

Les thermes se dessinent sur un plateau fort élevé au-dessus de la rivière. Ils sont élégants, commodes, et, sous bien des rapports, ils peuvent rivaliser avec d'autres qui jouissent d'une réputation plus étendue et peut être moins méritée. La maison d'habitation a été considérablement agrandie depuis quelques années, et l'on y trouve des logements très convenables. De belles promenades fort bien tracées entourent les thermes, et offrent aux baigneurs une foule de points de vue habilement ménagés. Les eaux de la Preste sont efficacement employées dans les maladies des voies urinaires et dans les affections rhumatismales.

Telles sont les principales stations thermales de l'Ariége, de la Cerdagne française et des vallées de la Tet et du Tech. Créés d'hier, pour ainsi dire, la plupart de ces établissements ont grandi rapidement, et il est à peu près certain que dans quelques années, s'ils progressent et s'améliorent comme ils ont fait jusqu'à ce jour, ils pourront rivaliser avec les thermes les mieux dotés de la partie centrale de la chaîne. Ceux des Pyrénées-Orientales nous paraissent surtout appelés à un brillant succès et à une vogue éclatante; car, indépendamment de l'énergique spécialité de leurs sources, ils réunissent des conditions topographiques et climatologiques qui ne se rencontrent nulle part plus nombreuses et plus favorables. La Cerdagne et la vallée du Tech, quoique au pied des montagnes, ont une température toute méridionale, rafraîchie pendant l'été par les vents des hautes cimes; en hiver, surtout, à Amélie-les-Bains l'atmosphère est constamment tiède, et, tandis que la neige s'entasse sur les cols et les sommets voisins, une bienfaisante chaleur règne constamment dans la plaine. Le Vernet lui-même, malgré sa situation au pied du *Canigou*, participe à la douceur et à la clémence du beau ciel du Roussillon; et c'est là ce qui permet à ces deux localités, privilégiées sous ce rapport entre toutes les stations thermales, de garder leurs malades pendant l'hiver, et de leur offrir à cette époque les mêmes facilités pour le traitement qu'au printemps et qu'en automne.

Mais ce n'est pas seulement aux malades que se recommandent les eaux du Roussillon. Elles sollicitent également ceux qui demandent à la nature ses grandes scènes, au passé ses graves souvenirs, au présent son activité féconde. Les touristes nous sauront gré, nous n'en doutons pas, de leur avoir tracé ce rapide itinéraire, et ceux qui de la cime du Pic du Midi de Bigorre ont vu se succéder les lignes mêlées et confuses des horizons de la plaine, nous remercieront de les avoir conduits jusqu'au pied de ce gigantesque promontoire des Pyrénées, qui s'appelle le *Canigou,* et du sommet duquel la Méditerranée, comme une nappe d'azur et de lumière, se déploie dans tout son éclat et toute sa magnificence.

FIN.

TABLE.

	Pages.
Avertissement...	v
TARBES. — Vue générale, monuments, promenades, jardin Massey, dépôt d'étalons, marché.................	2
DE TARBES A BAGNÈRES-DE-BIGORRE. — Châteaux de Laloubère et d'Odos et description des villages échelonnés sur la route...............................	5
BAGNÈRES-DE-BIGORRE. — Vue générale, Bagnères ancien et moderne, industrie, monuments, établissements thermaux de la ville et des particuliers, sources, musée, bibliothèque, vaporarium, tarif des bains.	9
Promenades. — Mountaliouet...................	23
Fontaine Ferrugineuse...........................	24
Le Bédat, l'Elysée-Cotin, l'Allée Dramatique............	26
Salut, l'Allée Maintenon.............................	28
Camp de César.....................................	30
Excursions. — Le Mounné......................	31
Fontaine de Labassère.............................	33
La Croix Blanche, la Clique de Germs.................	34
Coteaux de Pouzac et de Labassère...................	35
Vallée de l'Arros. — L'Escale-Dieu..................	36
Vallées de Campan et de Lesponne...................	38
Médoux, Baudéan, Saint-Paul, Campan................	39
Sainte-Marie, Gripp...............................	40
Paillole...	42
Lac Bleu..	45
Le Mont-Aigu.....................................	51
Bains sulfureux de Gazost..........................	52
Pic du Midi de Bigorre............................	54
Lhéris...	58
Houn Blanquo et autres excursions..................	62
DE BAGNÈRES-DE-BIGORRE A PAU — Description de la vallée du Gave. — Château féodal de Bénac......	65
Lourdes. — Citadelle féodale.......................	66
St-Pé et Bétharram................................	70
Villages échelonnés sur la route.....................	72
PAU. — Vue générale, monuments, description du château d'Henri IV, promenades, bibliothèque............	73
Excursions. — Bilhères, Gélos, Jurançon, Lescar, etc.	79
DE PAU AUX EAUX-CHAUDES. — Villages échelonnés sur la route..	80
EAUX-CHAUDES. — Vue générale, sources, logements...	84
Promenades. — D'Argout, Minvielle, Goust..........	85
Excursions. — Des Eaux-Chaudes aux Eaux-Bonnes par la montagne...................................	88

Des Eaux-Chaudes à Gabas, la Case de Brousset....... 89
Le Val de Bious, le Col des Moines, le lac d'Aule....... 90
Le Roumiga... 91
Lacs de l'Ours et d'Assouste, Pic du Midi d'Ossau....... 92
Vallée d'Aspe.. 93
Bains de Panticosa..................................... 94
EAUX-BONNES. — Vue générale, sources, logements..... 95
   PROMENADES — Jardin Anglais, Gramont, Eynard,
      Montagne Verte, Jacqueminot, Cascades.......... 99
   EXCURSIONS. — Le plateau de Gourzy............. 103
   Le Pic de Ger, des Eaux-Bonnes aux Eaux-Chaudes par la
      montagne...................................... 104
   Le Col de Torte, des Eaux-Bonnes à Cauterets par le Col
      de Torte et la vallée d'Azun................... 105
   Le Lac d'Assouste, Pic du Midi d'Ossau, Excursion dans
      la partie inférieure de la vallée d'Ossau.......... 106
   Tableau des sources et tarif des bains des Eaux-Chaudes. 108
   Tableau des sources et tarif des bains des Eaux-Bonnes.. 109

ÉTABLISSEMENTS SECONDAIRES DES BASSES-PYRÉNÉES.

SAINT-CHRISTAU. — Vue générale, situation pittoresque,
   sources, tarif des bains, logements, nourriture.... 110
   EXCURSIONS. — Mont Binet, Bielle, vallée de Barétous,
      Agnos, Aramits, vallée d'Aspe, Sarrance, Accous,
      Lescun, Urdos, Jaca........................... 111
CAMBO. — Vue générale, sources, logements............ 112
   PROMENADES ET EXCURSIONS. — Allée des soupirs, Grotte
      d'Isturitz, Bergerie, Montagne des Dames........ 114

BAINS DE MER DES BASSES-PYRÉNÉES.

BIARRITZ. — Vue générale, Biarritz ancien et moderne.. 115
   PROMENADES ET EXCURSIONS. — Roche Percée, Phare,
      Tour de Biarritz, Atalaye, Chambre d'Amour, etc... 116
SAINT-JEAN-DE-LUZ. — Vue générale, Saint-Jean-de-Luz
   ancien et moderne................................ 117
   EXCURSIONS. — Socoa, Guethary, Bidarray, Ciboure, etc. 118

DES EAUX-BONNES A CAUTERETS par les vallées d'Azun
   et d'Argelés. — Saint-Savin, Piétat et autres villages
   échelonnés sur la route........................... 119
CAUTERETS. — Vue générale, Cauterets ancien et mo-
   derne, sources.................................... 124
   Tableau des sources et tarif des bains de Cauterets..... 127
   PROMENADES. — Mamelon Vert, Parc, etc............ 127
   EXCURSIONS. — Le Pont d'Espagne, le lac de Gaube.. 128
   Le Vignemale, de Cauterets au Marcadaou et à Panticosa. 130
   Val de Lutour, Mounné............................. 131
   Lac d'Estaing, de Cauterets à Gavarnie par la montagne. 132
   De Cauterets à Saint-Sauveur par la montagne......... 133

TABLE.

DE CAUTERETS A LUZ ET A SAINT-SAUVEUR. —
    Curiosités de la route.......................... 134
LUZ. — Vue générale, église...................... 135
SAINT-SAUVEUR. — Vue générale, sources, tarif des bains. 136
    Promenades. — Hountalade, Jardin Anglais, etc..... 138
    Excursions. — Vallée du Bastan.................. 139
  Vallées de Gavarnie et de Héas................... 140
  Pic de Bergons, le Piméné........................ 143
  Brèche de Roland, le Mont-Perdu.................. 144
BARÈGES. — Vue générale, hospice civil, sources........ 147
  Tableau des sources et tarif des bains de Barèges...... 150
    Promenades. — Allée Verte, Héritage à Colas, Sopha. 152
    Excursions. — Le Pic du Midi, Pic d'Ayré......... 153
  La Montagne d'Ashlanes, le Lac Bleu 154
  L'Ermitage de Saint-Justin, le lac d'Escoubous........ 155
  Neoübieille, Pic d'Ereslitz 156
  Tourmalet, Gripp 157
DE BARÈGES A BAGNÈRES-DE-LUCHON. — (Route par la
    montagne) Vallées de Gripp, de la Seoübe et de Lou-
    ron, Paillole, col d'Aspin, Arreau et plusieurs villages. 158
    (Route par Bagnères-de-Bigorre) L'Escale-Dieu, Mau-
    vezin, Capvern et villages échelonnés sur la route.. 161
  Vue générale et Bains de Capvern.................. 163
BAGNÈRES-DE-LUCHON. — Vue générale, sources...... 168
  Tarif des bains de Bagnères-de-Luchon.............. 173
    Promenades. — Cours d'Etigny, Allée de la Pique, Allée
    de Bareugnas, Fontaine d'Amour, Allée des Soupirs.. 174
    Excursions. — Lac d'Oo....................... 176
  Le Col de Peyresourde............................ 178
  Esquierry, Superbagnères......................... 179
  Vallée d'Oueil et Mounné......................... 180
  Le Portillon et la vallée d'Aran.................... 183
  Port de Vénasque, vallée d'Artigue-Telline........... 187
  La Maladetta................................... 190
  Vallées du Lys et de la Barousse................... 192
  Saint-Bertrand de Comminges..................... 195
  L'Entecada..................................... 198

Coup-d'œil sur les établissements thermaux de l'Ariége
    et des Pyrénées-Orientales — Ussat, Ax, Escaldas,
    Thuez, Le Vernet, Le Canigou, Molitg, Vinça,
    Amélie-les-Bains, La Preste..................... 201

FIN DE LA TABLE.

Découverte incomparable par sa vertu.

EAU TONIQUE
PARACHUTE DES CHEVEUX DE CHALMIN, A ROUEN.

Cette composition est infaillible pour arrêter promptement la chute des cheveux; elle en empêche la *décoloration, nettoie parfaitement le cuir chevelu, détruit les matières graisseuses et pellicules blanchâtres; ses propriétés régénératrices favorisent la reproduction de nouveaux cheveux*, les fait épaissir, les rend souples et brillants, et empêche le blanchiment. — GARANTIE. — Prix du flacon, 3 fr. — Fabrique à Rouen, rue de l'Hôpital, 40. — Dépôt dans toutes les villes de France; à Bagnères chez M. FOURCADE aîné, coiffeur-parfumeur.

POMMADE DES CHATELAINES
OU L'HYGIÈNE DU MOYEN AGE

Cette pommade est composée de plantes hygiéniques à base tonique. — Découvert dans un manuscrit par CHALMIN, ce remède infaillible était employé par nos belles châtelaines du moyen-âge pour conserver, jusqu'à l'âge le plus avancé, leurs cheveux d'une beauté remarquable. — Ce produit active avec vigueur la crue des cheveux, leur donne du brillant, de la souplesse, et les empêche de blanchir en s'en servant journellement. — Composée par CHALMIN, parfumeur-chimiste à Rouen, rue de l'Hôpital, 40. — Dépôt dans toutes les villes de France; à Bagnères, chez Fourcade aîné, allée des Coustous. — Prix du pot : 2 f. 50 c. et à 3 fr. 50 c.

ÉTHÉROLÉINE DE CHALMIN POUR DÉTACHER
Admis à l'Exposition Universelle.

Cette nouvelle préparation chimique permet d'enlever soi-même instantanément tous les *corps gras, taches de peinture, suif, huile, beurre, cambouis, corps résineux, goudron, bougie, résine, vernis*, sur toutes espèces de tissus, tels que velours, soieries, lainages, gants de peau, sans altérer les couleurs, même les plus délicates, sur les gravures et papiers précieux. Ce nouveau produit est supérieur à tous les autres liquides à détacher. — Prix du flacon, 1 fr. 50 c. et 1 fr. — Composé par CHALMIN, chimiste. Fabrique à Rouen, rue de l'Hôpital, 38 et 40. Dépôt dans toutes les villes de France, et à Bagnères-Bigorre, chez M. Fourcade aîné, promenade des Coustous.

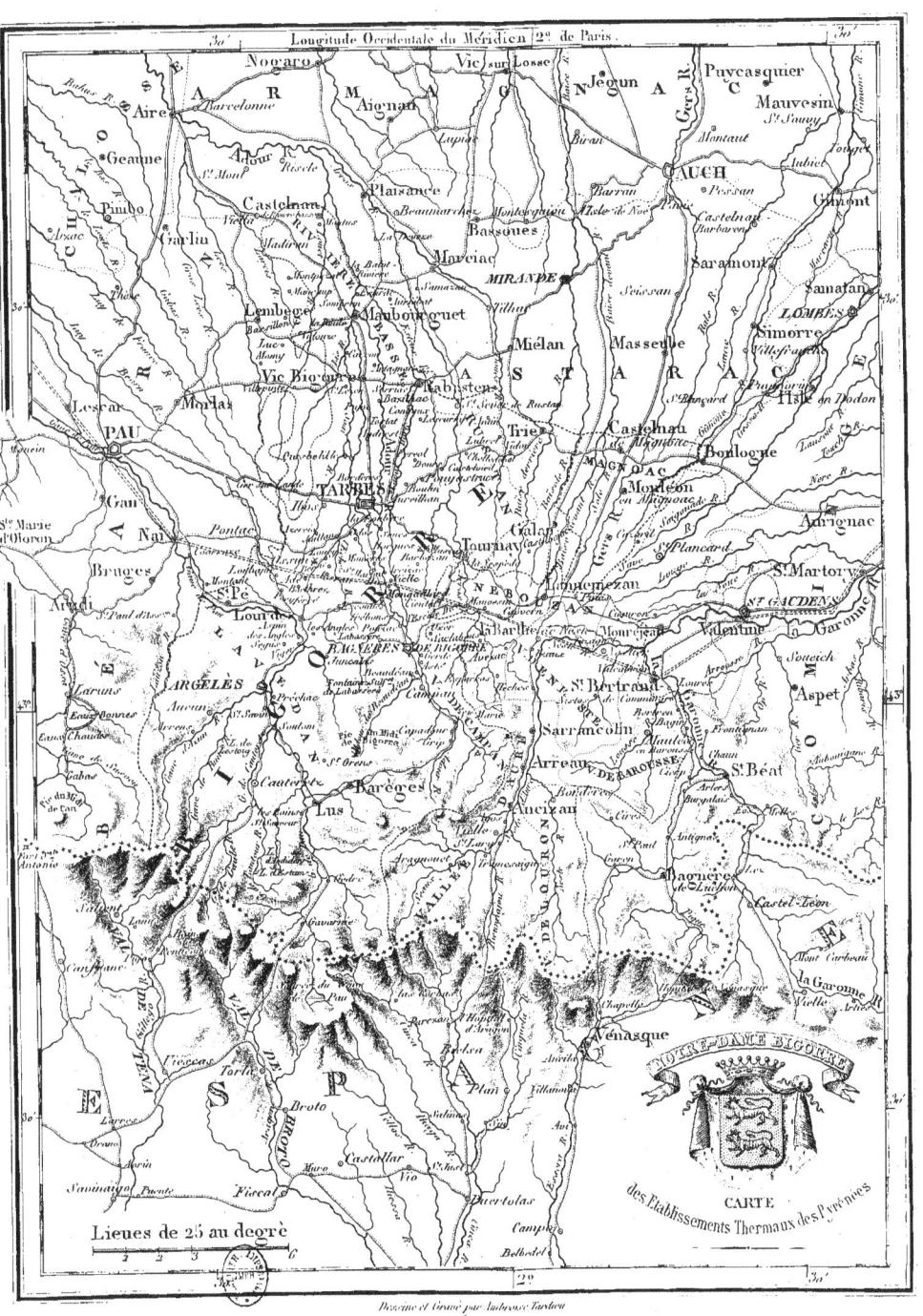

J.-M. DUFOUR, LIBRAIRE-ÉDITEUR DE VUES ET COSTUMES DES PYRÉNÉES,
Rue des Grands-Fossés, 67, à Tarbes; Succursale à Pau, et dans les principaux établissements thermaux des Pyrénées.

Collection de 60 vues des Pyrénées par Lalanne et de Malbos.
56 Costumes des Pyrénées, par Pingret, Lagarrigue, Ferogio et Lalanne. — Gravures anciennes et modernes.

Grand assortiment d'ouvrages de littérature. Publications nouvelles à 1 fr. Bibliothèque des chemins de fer. Collection variée de livraisons illustrées à 20 c. — Albums et Guides divers, — Photographies, etc.

IMPRIMERIE ET LIBRAIRIE DE DOSSUN, A BAGNÈRES-DE-BIGORRE

ÉDITEUR-PROPRIÉTAIRE du **Paroissien**, du **Vespéral**, et du **Graduel** du diocèse de Tarbes, ainsi que du **Manuale Ritualis**. — Impressions en tout genre. — Librairie assortie, grand choix de livres de piété. Collection complète des ouvrages publiés sur les eaux de Bagnères-de-Bigorre. — Papeterie. — Commission en librairie.

PRINCIPAUX OUVRAGES ÉDITÉS PAR DOSSUN.

LES PYRÉNÉES ILLUSTRÉES, par Frédéric Soutras, grandissime in-4°, imprimé avec luxe et orné de lithographies. — Se vend et on souscrit, à Bagnères-de-Bigorre, au bureau du journal *L'ECHO DES VALLÉES*, place Napoléon. — A Tarbes, chez J.-M. Dufour, rue des Grands-Fossés, en face la place de la Portète.

Essais Historiques sur le Bigorre, par M. Davezac-Macaya, 2 vol. in-8°, ornés de la Carte du Bigorre.

BAGNÈRES-DE-BIGORRE sous le Rapport Médical et Topographique, et les autres principaux Établissements Thermaux des Pyrénées, avec une Carte et des gravures, par L.-C. Lemonnier, Inspecteur-Adjoint des Eaux Minérales de Bagnères-de-Bigorre, docteur en Médecine de la Faculté de Paris, ex-professeur-adjoint d'Histoire Naturelle de l'Académie de Paris. — 1 vol. in-12, de 500 pages, broché.

ITINÉRAIRE Topographique et Historique des Hautes-Pyrénées, par M. Abadie. — 1 vol. in-8°.

MANUEL DU BAIGNEUR à Bagnères-de-Bigorre, par M. Ariste Pambrun, 1 vol. in-12.

BAGNÈRES-DE-BIGORRE considérée sous le rapport historique et pittoresque, par F. Soutras. — 1 vol. in-18.

LES PYRÉNÉENNES, Rêves, Pensées, Paysages, par F. Soutras. — 1 volume in-12.

Monographie de L'Escale-dieu, par G. B. de Lagrèze. — In-8°.
— **Saint-Savin**, par le même auteur. — In-8°.
— **Saint-Pé**, par le même auteur. — In-8°.

Annuaire Statistique, Administratif, Industriel, Agricole et Judiciaire des Hautes-Pyrénées pour **1858**, vol. de 300 pages.

Bagnères-de-Bigorre, Imprimerie de Dossun, Place Napoléon.

www.ingramcontent.com/pod-product-compliance
Lightning Source LLC
Chambersburg PA
CBHW071944160426
43198CB00011B/1543